执甲稽古

甲骨文里的早期中国

ZHI JIA JI GU

JIAGUWEN

LI DE ZAOQI

ZHONGGUO

周伯衍 著

陕西新华出版
陕西人民出版社

图书在版编目（CIP）数据

执甲稽古 / 周伯衍著. —西安：陕西人民出版社，2024. — ISBN 978-7-224-15552-5

Ⅰ. K877.1-49

中国国家版本馆 CIP 数据核字第 2024G63F45 号

出 品 人：赵小峰
总 策 划：关　宁
出版统筹：韩　琳
责任编辑：晏　藜
策　　划：周晴子
装帧设计：马应君
审　　读：姬长明　刘新民

执甲稽古

著　　者	周伯衍
出版发行	陕西人民出版社
	（西安市北大街 147 号　邮编：710003）
印　　刷	西安奇良海德印刷有限公司
开　　本	787 毫米 ×1092 毫米　1/16
印　　张	20.75
字　　数	200 千字
版　　次	2024 年 12 月第 1 版
印　　次	2025 年 2 月第 2 次印刷
书　　号	ISBN 978-7-224-15552-5
定　　价	89.80 元

如有印装质量问题，请与本社联系调换。电话：029-87205094

读书养性 尽态极妍
郑墨泉 刊刻

周伯衍

（郭志梅 摄影）

周伯衍

中国书法家协会会员
陕西省书法家协会篆书委员会副主任
西安市书法家协会副主席
西安市甲骨文书法艺术研究院院长
西北大学文学艺术创作研究院副院长
陕西国际书画艺术研究院副院长
中国散文学会会员
中国国家画院沈鹏导师书法精英班学员
主要研究方向为写经书法艺术和古文字书法艺术
文学学士、工商管理硕士,高级记者
历任多所大学兼职研究员、教授

著作
《跨界的体验》
《重返敦煌——敦煌书学溯流与当代意义重构》
《周伯衍书法艺术》
《风追甲骨——周伯衍甲骨文书法艺术》
《润诗新篆——周伯衍古文字书法艺术》

举办
妙行无住——周伯衍写经书法艺术暨文献展
风追甲骨——周伯衍甲骨文书法艺术巡展
……

安阳·中国文字博物馆，殷商时代甲金文字艺术的神圣殿堂。我两次流连于此，遥望悠远而璀璨的历史星空……

（2017年5月6日郭志梅摄影）

代序1：一种甲骨文化的生动解读

◎ 刘 钊
复旦大学出土文献与古文字研究中心主任
中国古文字研究会副会长
中国殷商文化学会副会长

陕西周伯衍先生新近写了一本书，名为《执甲稽古》，意为利用甲骨文来考察古代社会信息。书中利用甲骨文中与商代社会生活密切相关的一些常用字，在考字释形的基础上，对商代社会生活的方方面面进行了说解和描述，其中不乏跟世界上其他文明的比较。书中文字明白晓畅，生动有趣，值得一读。尤其在甲骨文被视为"真正的中华基因"的当下，如何把高深的甲骨文变成富有感染力、容易被读者接受的知识，在体悟中国最早文字的奥秘的同时，加深对中国古代社会历史文化遗产价值的了解，是摆在学者面前的重大课题，而周伯衍先生这本《执甲稽古》则在某种程度上做出了榜样。

周伯衍先生曾是一位记者，多年的记者生涯让他见多识广，腹笥充盈。他不仅爱好书法，同时在文化史、环境考古学等方面也有着超乎常人的积累。从这本书就可看出，他将这些看似分散的学科知识巧妙地融入甲骨文的解释之中，为这一古老文字的解读和传播方式引入了活力和时代感，这是很不容易的。我们阅读时不仅从中可以感受到他对甲骨文研究的执着和痴迷，还能体察到他对甲骨文知识普及和传播的热切态度。

周伯衍先生多年来一直致力于古文字相关知识的积蓄，他注重古文字知识与书法艺术的完美结合，并调动他多年做记者的文笔功夫和相关的人文素养，以甲骨文字形为枢纽，对商代等时期的历史、文化、民俗、思想诸多方面进行了深入的解析和研探，其中有些说法独辟蹊径，令人耳目一新。书中的每个甲骨文字，都是经过他精心挑选、拍照、修整后嵌入的，1000多张图片的制作，凝结了他无数个日夜的心血，正如他自己所说，是用时间一点点"磨"出来的。

当前坊间解释和阐发甲骨文字形的著作，存在着纯学理性解释和为普及推广加以看图说话式演绎的两种方法，我认为这两种方法不应互斥，而应该完善地加以融合。原则是：既要保持学术性和学理性，同时也不能过于僵化，要在保证学术性和学理性的前提下化繁为简、化难为易，使其生动化、形象化，使其更便于为读者接受。周先生在本书后记中提到了对书中可能存在的差错的担忧，这体现出周先生对学术的敬畏和对自己要求的严格。其实我觉得完全不必过于担忧，因为有很多字的解释目前还没有定论，即使是学术界已经有定论的字，随着认识的深入和新材料的介入，过去的认识也可能会被推翻并重新加以解释。也就是说，学术发展是一条不断流淌的河流，是动态的，是随时变化的，要用动态的眼光看待甲骨文字的解释，这样才算是科学的态度。

2024年7月20日于上海书馨公寓索然居

代序2：研究 融合 创新

◎ 翟万益
中国书法家协会顾问
甘肃省书法家协会名誉主席
著名书法家、篆刻家、艺术评论家

周伯衍原是一位资深记者，当他转身走向学者之路时，本能地带着记者的职业习惯，在他的这本书中，最为明显的特点，就是始终保持平白如话的文字叙述方式，对于艰深晦涩的甲骨文字，他没有沿着古文字学家的那套做派，广泛引经据典，反复考证，而是根据已有的资料，深入浅出，娓娓道来，把烦难的考据摒弃在自己的行文之外，为读者带来了极大方便，使读者在有限的文字中，捕捉到确凿且丰富的信息。当人们把一条条言简意赅的词条串联起来，就直抵了作者创作的目的。这一点，伯衍应是受到了《说文解字》表述方式的启发。

甲骨文是中华文化的根基，它记录了3000多年前黄河流域先民们的真实生活。探讨汉字的初始本意，了解其源流之变，对于传承和发展中华优秀传统文化，增进文明交流互鉴意义重大。然而提起甲骨文字，一般人就会望而生畏，百多年来的甲骨文研究，主要囿于象牙塔之顶层，传播范围极其有限，如何使其平民化、大众化，的确是一个绕不开的话题。伯衍始终站在读者一边，在他的著作里进行了大量"翻译"和延展工作，让原本生存于活泼泼生活当中的鼻祖文字，重新以鲜活的姿态行走在现实的生活中，为读者营造易读、有趣的轻松氛围，以行动改变着甲骨文的生存环境。

  伯衍的匠心还在于，按照自己的认知，建构出若干板块，在历史文化的大背景下，参借考古学和古文字研究方面的最新成果，对甲骨文字进行了一番新的归纳和梳理，多有创获，展示了他对于古文字认知的超然和运用的稔熟。他将自己十多年的古文字研究积淀以这样的形式呈现出来，自然包含着一个学人的良苦用心。

  伯衍和许多古文字书法家一样，因为书法而导入古文字研究，他对百多年甲骨书法的冷静梳理，对未来发展的积极展望，尤其对甲骨文字形的几何分析，对商代徽识的美学审视，从中不难看出他独立思考的学术精神。

  这本书的出版发行，一定会受到读者的喜欢，通过普及，也一定会引发更多人对甲骨文字的兴趣和对中华优秀传统文化的热爱。

2023 年 10 月 12 日于兰州云外居

目录

001 引子

007 不能不说的甲骨先贤

012 商人 商品 商业

016 记忆过载 商人智慧

022 美妙的造字神话

026 文化与文明

032 雅利安人踢到铁板

036 遥远的东方

042 都邑屡迁

048 意音文字的"美质"

055 古典城邦

061 马拉战车

065 远行他方

070 商朝财政

073 从"妻娶婚闻"到"奔者不禁"

076 农耕文明的印迹

082 商朝的滋味

087 交领右衽 上衣下裳

094 甲骨之"色"

098 巫医万象

105 文字里的"音乐"

112 商代人的"表情包"

118 "六艺"之初

124 商代宗教

128 商人之"祭"

132 商人之"刑"

139 商人之"戎"

143 商人尚酒

146 商人坐姿的文化指向

150 生殖崇拜的文字表达

155 殷商文学

161　原始美的探歌

166　商代 LOGO 的美学趣味

174　商代的毛笔与简牍

178　万能的甲骨之"点"

180　"四灵"原形

185　何以"字有所源"

196　以几何视野看甲骨

203　源流与得失

205　文字游戏

211　百年书法回眸

219　往深处去

223　女人的世界

228　甲骨"女部字"129 例

310　后　记

312　参考书目

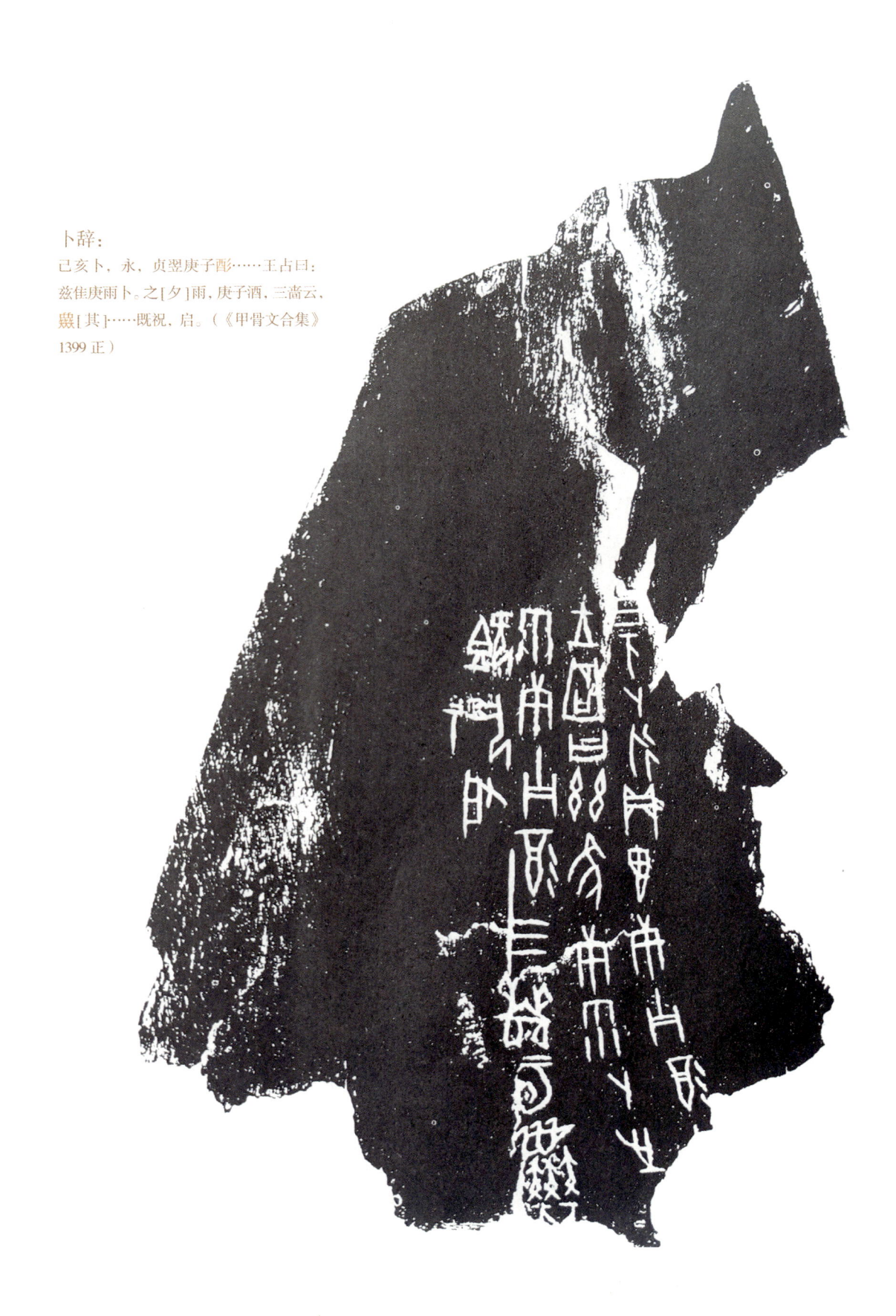

卜辞：
己亥卜，永，贞翌庚子酚……王占曰：
兹隹庚雨卜。之[夕]雨，庚子酒，三嵩云，
戠[其]……既祝，启。(《甲骨文合集》
1399正)

引 子

呈现文字形态之美的书法艺术是本书积极追寻的方向。作为一本普及性读物，其架构体系的设计，是拟在夏商社会生活史、文化史和先秦审美思想史的背景下，在世界文明古国的比照中，在三维几何的视野里，在"六书"理论的指引下，看待甲骨字形，感知甲骨美意，追溯美学源初；同时借助考古新发现，参学甲骨研究新成果，还原一度模糊了的历史天空。在彼此的映照与回护中，在清新、简约、准确的语言加持下，向今人展示真实可触的商人生活图景。在此基础上，解析书法意义，回眸百年成就，展望艺术未来。这就是本书的"元素链"。希望以此书为广大甲骨文字及其书法艺术的爱好者打开一扇轻松阅读的窗户。

一、字词史观

举例说明。甲骨文的"卯"字，有专家释为双刀并置，当你从商代200多个祭名中看到卯祭，了解到那是将人（动物）对半剖开并悬挂于祭台前的情景时，你会对此解感到抽象和生硬。看到商代刑具中类似于手铐的"幸"字时，便知它与幸福之"幸"取义恰好相反，幸福的人绝不愿将手铐戴在自己的手上。当你了解到甲骨文里断轴或断辕的"车"字时，它描写的是战败或车祸的惨状，你还会在艺术创作中对"破车"情有独钟？

如果熟悉商人肜祭、翌祭的方式，你会觉得甲骨文中的"美"字，其人头上的装饰物为羊头或羽饰都在情理之中，虽然研究者以更多的理据证明羊饰的占比更高，以此定释"美"之字形。

古代"四灵"之一的麒麟，原形为何物？史书多有附会，未见其详。环境考古学和甲骨文字还原了麒麟的真相——它是史前已经灭绝的曾经生活在中华板块上的人类食物来源之一的大角鹿。当看到甲骨文字：女、飨、既、即、配、醜、安、祝、夙，你就会明白，席地跪坐那是商人普遍的生活习惯。甲骨文"婪"字仅仅表示女性贪爱食物的天性，与后世道德上的绑架和诋毁没有关系。

二、排列组合

本书将商代社会生活条分缕析出若干个并列话题（切面），比如城邦、交通、饮食、服饰、医疗、婚姻、教育、音乐、文学、祭祀、战争等。逐一"编织和还原"出商人真实的社会生活场景，再在历史的穹幕下，罗列相关甲骨文字，简解其义，旁涉源流之变。本文作者希望以这样的"积木式游戏"，让读者在轻松的氛围中，既看到树木，更见到森林，感受彼此的联系，加深对甲骨文字形音义的理解，感知先民们创制文字的初心与智慧。

三、朴素之美

我们在阅读中西方哲学、美学专著时，总会为抽象的概念、繁复的文字、西式语法结构以及中式古语的艰涩而感到费解。若是对商代社会有更深的了解，你就会发现，商人审美以实用为第一要务，他们表情达意的方式直接、质朴、浅显，这种倾向无不渗透到商代的建筑、器物、文字之中，尤其金文族徽和标识图案中，你甚至可以从中触摸到商人的心跳和体温。重复、对称、均衡、动静、阴阳、装饰、转换，构成了商人美学观念的轮廓，成为后世不断追寻的美学之源。

四、视图原理

古人造字以"六书"为法，目前学界普遍认为"转注"和"假借"实为用字之法，尤其对"转注"持"存而不论"的态度。若是转换一个角度，以几何视野审视甲骨文字的构成机理，会得出怎样的结论？本书作者对1500多个专家已释的甲骨文字进行过观察和分析，形成了一个清晰的看法：几乎所有的甲骨文字都可以用单视图、双视图或局部放大图的原理来解析，尚未发现三视图并用一字的字例。如果这一结论成立，它可为考释未识的甲骨文字提供新的思路。同时，实证了3300多年前的先民们对视图原理娴熟运用并形成思维定式的状态。虽然，他们没有写出像西方人《几何原本》那样的理论著作，但丝毫不影响我们对商代甚至更早时代先民们的智慧评价。和西方人相比，东方人似乎更习惯于"做而不述"，善于以实践的、经验的、比喻的、百科全书式的方式展示自己的智慧。若以甲骨文字和《几何原本》的诞生时间而论，东方文明至少早于西方

700年。

甲骨文字中用"点"颇多，且极为精妙。它既可以表示触觉、视觉可及之物，比如水滴、血滴、酒滴、汗滴、油滴、涎水、盐巴、米粒、沙粒、土屑、屎尿、谷皮、须毛、颜色、火焰、光晕，也可以表示听觉、味觉、嗅觉所及之物，比如声音、气流、香味。尤为神奇的是，还可以表示动感趋势之类的只有心理方可感觉得到的东西。在四大文明古国的文字中，殷商甲骨文字诞生的年代虽晚，但它顽强地"存活"至今，而且数代同堂，根深叶茂，的确是一个非常有趣的话题。

五、字有所源

从事甲骨文书法艺术的同道常常会为文字的"识不敷用"而感到苦恼。关于用字，书法界有两种观点：一种是严谨派。正如徐无闻所言："书法家只有把字写正确、写好的义务，没有写错字、随便造字的权利。"一种是宽松派。认为书法艺术毕竟不同于古文字研究，不必过于严谨，可以适度灵活。本书作者是地道的严谨派的追随者和支持者，以为书法是以毛笔（硬笔、刀笔）书写（契刻）汉字的艺术，汉字既错，遑论其他，势必造成某种混乱。

如何脱离"字不敷用"的窘境，作者结合自己十多年的实践认为，熟悉目前已释甲骨文字中的本字、初文、相同字、相通字、假借字及其它们之间的关系，就会"扩充"出不小的用字空间，此法为"内循环"。

本书中特别罗列出相关《实用字表》供读者参考。当"内循环"乏力无助时，再向后起字求援，称之为"外循环"。在操作层面，可以甲骨文字为原点，按照朝代顺序，由近及远地选用古文字，也可以根据作品内容和创作需要上下贯通地使用。所谓"甲骨化处理"，强调的是个体创作风格的统一性。

六、百年书法

现当代甲骨文书法艺术的山林开启者，始自罗振玉、董作宾等第一代甲骨先贤。于是，回眸百年历程，分析其成就与疏失，借鉴现代书法有益经验，探索新时代语境下的书法创新之路，亦是本书重点关注的话题。艺术的精神在于"创变"。让书法仅仅停留在甲骨上的模样是不够的，虽然甲骨的笔法已很丰富，并非有人理解的如"柳叶状"一般单调、僵化的状态。同时，百年甲骨文书法大家在创作道路上已进行过诸多有益探索，为后世的继承与发展奠定了基础、树立了榜样。本书作者以为，甲骨文书法艺术需坚持契刻性、书写性和艺术性"三结合"的原则，它们之间是相互关联且递进、升华的关系。艺术性是共性与个性，客观性与主观性兼容的结果。

七、女性世界

在历史长河中，女性的社会地位呈现出"马鞍形"的发展态势。在漫长的原始社会，女性的社会地位至高无上，她们曾经创造了世界上第一个陶器，曾经长期养活着原始社会，曾经给每个子孙后代贴上了"姓"的标签。商代去母系社会不远，女性祖先牢靠了成千上万年的崇高地位，自夏商起不断遭受男权社会的强势撞击而渐次式微，但她们依然扮演着重要的社会角色，其重要性不亚于男性。她们的性格从原始社会走来，既宽和、温柔、博大，又火辣、果敢、奔放。她们的美是实用为美，壮硕为美。本书作者曾在互联网平台上讲解过70多个"女部旁"甲骨文字，揭示了商代社会女性的生命状态，持久被网友关注。此书专列甲骨"女部字"129例，在更大的视阈里解读"商代女性世界"，希望能给读者带来不一样的感受。

不能不说的甲骨先贤

王懿荣

刘鹗

孙诒让

说到甲骨文的发现与研究，不能不提到王懿荣、刘鹗、孙诒让与"甲骨四堂"（雪堂罗振玉、观堂王国维、彦堂董作宾、鼎堂郭沫若），以及这些筚路蓝缕者的历史性贡献。他们的学术成就代表了中华人民共和国成立前甲骨学研究的整体水平。

在这些代表性人物中，王懿荣是发现和收藏甲骨的第一人，被称为"甲骨之父"。刘鹗因《铁云藏龟》成为以甲骨拓片集录成书第一人。孙诒让著有《契文举例》，为第一部考释专著，被誉为甲骨学的"开山鼻祖"。

"甲骨四堂"的研究领域各有侧重，各有建树。

罗振玉在考古、收藏与古文字研究方面的兴趣尤为浓烈。20世纪古文献"四大发现"中，他深度介入的至少有三项。他研究居延汉简，与王国维合著《流沙坠简》。他看到法国汉学家伯希和在北京举办敦煌遗书展览，立即奏请清政府保护剩余遗书。他个人收藏甲骨2250片，考释文字485个。撰写《集殷墟文字楹帖》（1921年），

—007—

雪堂 罗振玉

观堂 王国维

彦堂 董作宾

开近代甲骨文书法艺术之先河。他第一次见到甲骨文时激动不已，感慨道："山川效灵，三千年而一泄其密，且适我之生。"孙诒让所著的《契文举例》一书由他付资出版。我曾多年沉迷于敦煌写经书法艺术，其间，由罗振玉了解到更多甲骨文书法艺术方面的信息，产生了浓厚兴趣。

王国维致力于中国古典文学、美学、商周史和典章制度的研究等。他在《人间词话》里提出的"三境界"至今为世人所称道，他倡导的文献与考古相结合的研究方法至今为世人所遵从。他性格耿介，唯一嗜好就是吸烟。他与罗振玉的恩恩怨怨没人能说得清楚。

董作宾在中央研究院史语所工作期间，积极促成并主持、参与、监察了1928—1937年间的10次对殷墟甲骨的抢救性挖掘工作，从而成为殷墟科学发掘的第一人。这是中国学者主持的大规模、有目的的科学考古发掘。使中国的文明、文化研究并入有实物证明的科学研究之列。撰写《殷历谱》，出版甲骨文书法作品集《集契集》（汪怡作诗，严一萍版）。

郭沫若是"四堂"中起步晚、起点高、成就大的一

鼎堂 郭沫若

位。留学日本期间，遍访日本甲骨藏家，半个多世纪以来，研究从未中断。晚年主编的《甲骨文合集》13册（胡厚宣总编），收录41900多片甲骨，成为划时代巨著。

我们不能不佩服晚清民国一代学人宏阔的视野、深厚的学养和文化担当精神。如果王懿荣不在危难时刻以身许国，他对甲骨学的贡献未可限量。刘鹗本是一位商人，却写出了名留青史的小说《老残游记》，可惜他最终客死于新疆。王懿荣殉职后，刘即从王儿子手里购得1500多片甲骨，拓印成册，为研究者提供了宝贵资料。孙诒让两月足不出户，根据《铁云藏龟》考释出甲骨文字185个。罗振玉也有与他类似的情形。虽然他们考释的有些字后来被证明并不准确甚至错误，但这丝毫不影响他们头顶上耀眼的光环，而被后人久久景仰。

新中国成立后，又有一大批学者接力奔跑，不断将甲骨学研究推向新的高度。他们的大名如雷贯耳：唐兰、于省吾、胡厚宣、容庚、商承祚、陈梦家、高明、李学勤、刘一曼、宋镇豪、刘钊……陈梦家本是一位诗人，师从徐志摩、闻一多，是"新月诗派"后期的一员健将。随后，他转身一变，随容庚专治古文字学，走上了古代史研究之路，对甲骨断代成果的研究，成为他对甲骨学的重要贡献。我最喜欢他早年的一句诗："在山涧里悄悄走着生命无穷的路。"这是他几十年治学之路的真实写照，已然成为砥砺后学前行的精神号角。

商人使用甲骨占卜、刻辞、纪事，实在是一项天才之举。

商朝历史大致可分为三个阶段：早商偃师商城、郑州商城时期约200年，中商小双桥商城时期约100年，晚商洹北商城及小屯殷墟时期273年。殷指安阳，墟者废弃的居住地。公元前1046年牧野之战，武王大军打到朝歌城，商末王帝辛（纣王）自焚于鹿台，宫室被毁坏掩埋，金银财宝被洗劫一空，参与分赃者就有大名鼎鼎的南宫适。殷商昔日盛景不再，仅仅过去了13年，纣王叔父箕子从朝鲜返回镐京朝拜，途经故地，见眼前一片落寞景象，心中悲伤，欲哭而不能，乃作《麦秀》诗："麦秀渐渐兮，禾黍油油……""三监之乱"后，大批商朝遗民被迫迁离故土，迁往成周洛邑定居，殷商故地再度荒芜，只有大批甲骨寂寞地躺在那里的地下。岁月长久地流淌，后人已不知道这里曾经发生过什么。据说，宋代有农夫耕田时发现过刻字甲骨，可惜，他们不知为何物，弃之如敝履。

甲骨文被王懿荣发现之前，大抵有两个用处：一是作为剃头用的止血药。安阳有位剃头匠名叫李成，将甲骨碾成粉末，一旦剃刀不慎划破客人头皮时，就用手指捏些甲骨粉末敷在伤口上，以起止血效果。二是作为一味名叫"龙骨"的中药，煎药前同样要捣碎。药铺老板并不喜欢有字的甲骨，药材商为了卖个好价钱，常常将字迹刮掉，无数甲骨文字和它们所记录的历史信息就这样被毁掉了。从公元前1046年到公元1899年，甲骨文字被岁月尘封了近三千年。试想，如果不是王懿荣患病服药而意外发现，还不知有多少甲骨会继续遭遇厄运，若真如此，留给后人破解"甲骨时代"的信息就更少了！

商人 商品 商业

"以物易物"出现于原始社会后期。而真正把生意人称为商人,把做生意称为商业,还得从古老的"商部落"说起。

《史记·殷本纪》记载,距今4000多年前,商始祖契(xiè),因助大禹治水有功,被分封于商邑,其氏族为商族。契之孙相土发明了马车,六世孙王亥又发明了牛车,这便是《管子》所记载的"殷人之王,立皂牢,服牛马,以为民利"。

驯服牛马,使得商族畜牧业得到迅速发展,随着剩余价值的增多,商业贸易应运而生。王亥擅长做生意,经常驾着牛车拉着皮毛,从事边贸活动,开创了"易物"商业的先河,商族因此走向强大,终于汤时灭夏。而在甲骨卜辞中被称为"高祖"者有三人:商始祖契、王亥和商朝建立者成汤。

商朝立国600年后,又被周武王所灭。商朝遗民从此沦为奴隶,王公贵族根本不会种地,只擅长于经商做买卖,周人因此称之为"商人",把用于交换的物品称为"商品",把商人所从事的职业称为"商业"。高祖王亥被后世尊为"华商始祖"。

周人本有"重农"的传统,出于政治目的,强力"抑商",让商人随时处于自己的监控之下，遏制其获得政治资源和社会地位。之后几千年，商业一直被打压得抬不起头来。

高祖王亥也因为服牛走商丢了性命，这在《山海经》和《竹书纪年》均有记载。一次，他带着弟弟王恒，驾着牛车，载着货物，赶着牛羊，到有易国商贸，却"淫于有易之女"，"所淫确为绵臣之女"。绵臣为有易国王，他盛怒之下，将王亥杀害。《山海经·海内北经》记述下惨状："王子亥之尸，两手、两股、胸、首、齿，皆断异处。"

4年后，王亥的儿子上甲微灭了有易，一雪杀父之仇。此事屈原《天问》亦有载录。

卜辞中凡有王亥处，必有"玄鸟"陪伴。"亥"上加"隹"而成，其形 󰀀 。玄鸟即燕子，商族图腾崇拜物。亥 󰀁 ，为豕之变体，像被刮了毛砍了头的猪，为"刻"之本字（一说为公猪）。

商，甲骨文字形 󰀂 。

解释一，像酒具之形，口、颈、足皆明，释为酒器。尚酒之风夏商皆盛，男女皆然。

解释二，像酒器放于基座上，表示以酒赏赐或祭祀

滴水。先商族居于滴水，卜辞有商王亲自或派人祭祀滴水的记载。比如：

王其侑于滴，在有石燎，有雨。

王其寻舟于滴，亡灾。

涉滴，至磬，射左豕擒。

求年于滴，求禾于滴。

有研究表明商族起源于河北石家庄，后越过漳河水逐渐向南迁徙，约在商族第七任王亥前后，迁至河南新乡一带。甲骨文滴 ，即指漳河水。

解释三，像置薪火于架上，用于祭祀大火星（商星）。学界一般认为，商人主持祭祀大火星，故大火星也称商星。商人根据大火星的运行规律安排农时农事。心宿有三颗星，其中最亮者就是商星。《诗经·豳风·七月》："七月流火，九月授衣。"意思是说夏历七月到来，天上的大火星向西边沉落，气候开始变凉，到了九月就该加衣服了。

甲骨文商字早期不从口，后有加口形，亦有加双日或四日形（商代金文字形），均与星宿有关。"商"亦释为"赏"，像睁着一双明亮的大眼睛在观察、观赏。

解释四，有学者据《礼记·乐记》中的一句话："商者，五帝之遗音也。商人识之，故谓之商。"解释商之构形：击磬的声音，宗庙之音。认为成汤使用五帝遗音祭祀商祖先王，所谓"奏商"，久而久之，演变为国家名。

解释五，商字的上半部是"辛"，辛为刑具，即手铐、脚镣、枷锁之类。下半部是地窖即牢房。有的字形下框里加口形，突出"论罪量刑"的过程。商先祖契和上甲微，都曾做过司徒，主要职权是对罪犯"论罪量刑"，所以契的氏族自称商，并把商作为他们的国号。

记忆过载 商人智慧

几万年以来，智人都是靠大脑储存信息。但是随着时间的推移，生活方式的改变，信息量不断增加，信息类型发生了质变，这让大脑时感为难且内存不足。这主要体现在：

一、每个人的脑容量总是有限的。

二、人总难免一死，大脑也会随之死亡。

三、大脑在演化过程中形成了选择性记忆的特点，这就意味着必然存在选择性遗忘。农业革命时期，迫于环境演化的压力，人类的大脑储存了大量关于动物、植物、地形、气象和社会生活方面的信息，比如人类对大洪水的集体记忆。农业革命之后，社会变得格外复杂，出现了全新且数目庞大的另类信息，比如用于记账和税收的数字，大脑根本无法安置，迫切需要掀起一个"解放大脑"的风暴。

早在公元前3500—前3000年，苏美尔人就发明了一套系统：书写文字。早起人类也有类别之分，一类记录数字，一类代表人、动物、商品、领地、日期，并且将它们刻在黏土泥板上，这就是楔形文字的早期形态——图画文字。早期文字虽然幼稚，但它完成了口语做不到、"结绳记事"也做不到的事。苏美尔人创造的这套文字，虽不能拿来写诗，但用于记账和税收是足够了。

在遥远的东方，华夏先民创造文字的路径与苏美尔人没什么两样，只是孕育的过程稍长，成熟期晚些而已。早期文明星光分散、不易交流，抑或由于迟到的商业贸易没有及早刺激文字成熟。商人终究还是完成了这项伟业。

这要从商人的历史说起。

商人曾是东夷族的一支。"夷"字在古山东话中音同"人"，原意为以绳索捆扎箭杆。东夷人长期生活在东北、华北沿海一带，数千年来，过着采集和渔猎生活。他们无数次历经海侵、海退的袭扰，最懂得什么是"沧海桑田"。"五座仙山""水下龙宫"的神话并非空穴来风，而是他们祖先真实的生活遗迹。"后羿射日""夸父逐日"亦是东夷人心目中的英雄史诗。他们热爱大海，因为大海给了他们想要的生活；他们恐惧大海，因为大海夺去过他们先辈许多宝贵的生命。所以，他们将家园建在高高的土丘和高台之上。

他们看到海上日出，满心欢喜：又是一个可以出海捕捞的好日子。他们敬仰太阳，连首领的名字也要与太阳联系在一起：如太昊、少昊。昊者，天上红日是也。漂泊的生活，使他们养成了"勇而谨厚"的性格。他们以鸟、凤、龙、蛇为图腾，是因为鸟出现的地方附近就会有岛屿的存在，紧急时刻可以成为他们的避难所。他们希望在大洪水到来时能够像鸟一

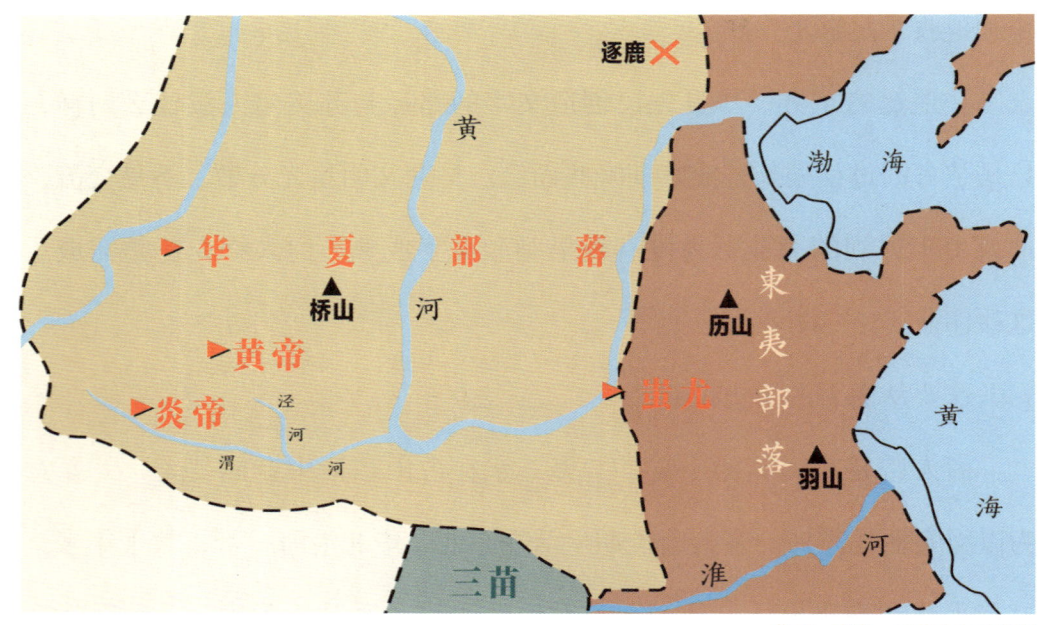

华夏、东夷、三苗分布示意图

样飞翔,所以,高祖王亥的"亥"字,与鸟儿紧密相连。

每遇海侵,东夷人只好西退到内陆安全地带,无意中,他们挤占了华夏族的生存空间,引起了华夏族强烈不满,双方因此屡发战争——"轩辕战涿鹿,杀两昊、蚩尤而为帝"。东夷族战败,多支部族被迫南下江淮。不过,双方在长期的争斗中也不断融合,最终形成了"汉族"的文化认同。

商人的牧羊生活和经商习性,注定了商人比其他任何部族都急切地需要数字和文字,他们和苏美尔人一样,需要记账、写家书。行脚商人长期和各地各色人等打交道,视野开阔,见多识广,他们熟悉各地族群的风俗、方言和记事方式,熟悉周边的辉卫文化、龙山文化、二里头文化特色,也包括各地的文字信息。在此基础上,商人很自然地归纳、总结、规范出了属于自己的记事文字，并在游牧和游商过程中传播四方，又在传播中加以修订和完善，最终完成文字的成熟过程。这一点，可以比拟仓颉和李斯的功劳。因此说，商人是文字的集大成者，是历史上又一波文字的收集者、规范者和传播者，他们频繁的商业文化活动是催化文字快速走向成熟的原动力。量变到质变的过程就在这数百年间发生，仿佛"基因突变"！这一区域长期以来都是东夷人生活和涉足的地方，由此可见文字使用的连续性脉络，它们之间有着内在的必然的传承关系。郭沫若推测，甲骨文字从初创到成熟起码要经过1500年。由此，将文字的成熟期上推到商代初期，应该是保守的。甲骨文字的表意特征必然携带着创制之初的原始信息，引起人们对天、地、人的思考。先商时代与夏代并置了百余年，甲骨文字不可能不受夏代文字萌芽状态的影响，而明存或暗含夏代诸多社会生活信息。甲骨学者潘岳在他的《三千未释甲骨文集解》（上下册）中，总结出了古代造字法40种，发现古文字标形码64种，确认800多字为殷商之前的文字，直追夏禹虞舜唐尧时代，上达黄帝、炎帝与仓颉造字时代。

  商人的基因里一直有安全感缺失这么一环，这是由他们先辈们的生存环境和命运走向所决定的，这种心理阴霾一直笼罩着整个商代。为了"讨好"祖先神灵，商人不断杀牲祭祀，由"物牲"到"人牲"，几十人到百人，包括方国异族完好的大活人、体魄健硕者、首领贵族到同族兄弟。

他们不仅用这些人来祭祀，还会胙食。有专家统计，武丁在位59年，平均每天杀0.6人，累计杀人1.5万。心理学告诉我们，越是缺乏安全感的人，行为上就会变得愈加偏激、残忍和血腥。当"人牲"数量不足时，他们也会采取缓慢虐杀的办法，尽情享受俘虏或奴隶痛苦哀号就地打滚的惨状，以满足畸形的心理快感。就连贵族子弟习武射箭所用的"靶子"，也是奔跑着的"活人"。古罗马斗兽场残忍屠杀的场面也不过如此！

　　商人的这种心理和行为，客观上强化了历史文化的遗存和文字信息的保留，为后世还原那段历史提供了真实且丰富的资料。

　　夷，甲骨文字形 ，从矢、从己，会意以绳索捆扎箭杆，表示矫直。西周金文字形 ，讹变为从大、从弓，像一个肩挎弓箭、正面站立的人的形象，这正是东夷人采集、狩猎生活的写照。

　　丘，甲骨文字形 ，像地面上并立着两个土堆。本义：自然形成的小土山。历史上许多地名都与东夷族生活的地方有关，比如宛丘、商丘、楚丘、犬丘。

　　台，甲骨文字形 ，从之、从高省，之亦声。之的

东夷人将白陶鬶做成引吭高歌的鸟儿，表达的正是东夷人对鸟类的崇拜之情。

本义：往。高，甲骨文字形 ᙈ，此处保留下面高台部分。两部分合起来表示：脚所到的地方是一处高台。本义：高而平的建筑物。良渚文化中有100多座"土筑金字塔"，虽用作祭坛和墓葬，同样有躲避水患的作用。

鸟，甲骨文字形 ᙈᙈ。象形字。玄鸟指的是燕子，望图生义，无须赘言。

蛇，即虫，甲骨文字形 ᙈ。东夷人所见的虫多是水蛇，身体细长而光滑，主要以鱼、蛙和小型水生物为食。

美妙的造字神话

中国：仓颉

古巴比伦：伊南娜与恩基

文字是"人"创造出来的。纵观世界四大文明古国，都有创制文字之"神"。人类为什么要把文字的发明权拱手相让于神或者圣人？而且为他们个个编织了美妙动人的传说。

仓颉造字在中国可谓家喻户晓。传说仓颉是黄帝的左史官，他有四目，双目看天，双目看地，上知天文，下知地理，近取诸身，远取诸物，创造了文字。正常人怎么会有四目？四目代表的不仅是明亮更是智慧，显然仓颉已被神话了。《淮南子·本经》记载："昔者仓颉作书，而天雨粟，鬼夜哭。"这是一件多么惊天动地的大事！自然界都为之出现异象：天空中粟米像雨水一样飞落而下，无处可逃的孤魂野鬼们只好躲在黑夜里哭号。

古巴比伦神话中，伊南娜是恩基的女儿，美丽又任性。一天，伊南娜去埃利都看望父亲恩基，父亲见到女儿，无比开心，席间不知不觉喝醉了酒，迷糊中将自己掌握的包括文字在内的"百种文明要素"，赐给了女儿。

古埃及：托特神

古印度：象头神

女儿得到宝物喜出望外，立即乘"天国之舟"回到她的领地乌鲁克。父亲从醉酒中醒来，感觉不对头，立刻命信使和海怪去追索。可惜晚了一步，伊南娜已将"百种文明要素"传给了她的臣民。

古埃及托特神的形象很鲜亮，他长着人身朱鹭头，身材高挑，一手持笔，一手持书写板，正专注地写着什么。看样子就是个文书的角儿，没错，因为他发明了埃及的象形文字，所以人们认为他有资格当文书。他的智慧深不可测，他通过记录和传播知识，促进了古埃及文明的蓬勃发展，创造了神秘的翡翠石板，记录了宇宙创世之谜以及时间的秘密，成为宇宙的守护者和记录者。

古印度象头神，他是湿婆神与雪山女神的儿子，是古印度的学识之神，智慧超群。他发明了印章文字，并把自己的一颗长牙折断作笔书写。传说他父亲外出时，母亲生下了他，他长得非常快，很快成为一位英俊少年。一天，母亲沐浴，派他在门口看守。这时父亲从外面回来，儿子并不认识父亲，坚决不许他进门。父亲误以为是妻子的私通者，顿时醋意大发，怒不可遏，挥刀砍掉儿子的头。这时，母亲从屋里出来，大哭着说：你杀死的可是你的亲生儿子呀！父亲一听十分懊悔，急忙求助生命保护神，并得到指教：翌日太阳升起时，见到的第一个生物，就将它的头砍下来安在你儿子的头上，他便会复活。第二天一早，湿婆神看到的第一个动物是一头大象，他二话不说，砍下象头安在了儿子头上，儿子从此变成了身材微胖的可爱的象头神。

　　文字从产生到成熟的过程极其漫长，至少要经历一两百代人智慧的叠加与升华。史前人类无法对此做出科学的解释，于是将文字的发明创造归功于"超人"的神。对神的种种独特解释和描述，同时表达了早期人类认识自然、抗争自然的强烈愿望。这就是造字神话的由来。

　　甲骨文的"神"以"申"代之。

　　甲骨文的"申"，字形 ，表示电光闪烁、瞬间爆发、急折延伸的状态，所谓电耀屈折。本义：闪电。假借为地支的第九位。李义光以为"伸"之初文。在自然界，闪电常伴随着打雷，人们可以听到天空中隆隆的响声。甲骨文的"雷"，字形 ，在"申"形上添加两三个口、田、点，以示雷声。

　　许慎以为，"申"即"神"，神祇之"神"。古人

为什么视"申"为"神"？因为闪电这种神奇的天象，在古人的心目中是天神在发怒，所以敬畏有加，常常跪拜祈求平安，如形 。西周金文的"神" ，又添加了"示"。"示"代表祭台。

文化与文明

"文化"是什么？甲骨文的"文"，形如一个正面站立的有文身的人，"物相杂，故曰文。"(《易·系辞下》)。"文"是纹理、纹饰的"纹"的本字，指代多姿多彩的自然世界中的一切现象和形象。绘身和文身是原始人非常普遍的行为，直到文明昌盛的商代也没有消失。绘身和文身的图案可能是族落崇拜的图腾，以此与其他族落相区别，并从中得到神灵的佑助。也可能出于某种宗教和巫术的目的，出于原始美的自然外化。有学者研究认为，殷族得名与文身有关。由"纹"我们会联想到水纹、木纹、云纹，这些都给人以美的享受。

甲骨文的"化"，是一正一反的两个人并列的形象，两人处于相互颠倒状态，表示事物的两个方面，比如生死、人神、阴阳。如果将其中一人转换180°，便和另一人形成了并列关系，故"化"引申为教化、风化、感化。

"文"与"化"并联使用，较早出现于《易经》："观乎人文，以化成天下。"大意是说，通过观察人类社会各种现象，用教育感化的手段来治理天下。西汉刘向将"文"与"化"连为一词："文化不改，然后加诛。"(《说苑·指武》)这里的"文化"指的是文治与教化。随着社会的发展，"文化"的概念变得多维且复杂，专家学者从不同的角度加以解读，给出近300个定义，交集地带主要在于："文化"是社会实践的产物（遗迹、遗物），是精神活动的体现（知识、思想），是历史生活的积淀（生活方式、生存样式）。从考古学的角度，文化是人造的直觉，是人类活动的遗迹，是社会历史的积淀物。比如贾湖文化、河姆渡文化、仰韶文化、石峁文化、陶寺文化、良渚文化、大汶口文化。它们尚不能算作"文明"，可视为"文明"的曙光。"文明"是"文化"的高级形态，先有"文化"后有"文明"，"文明"是"文化"，但"文化"不一定是"文明"。"文明"诞生的本质在于人类解决了温饱问题之后，有余力去寻求更高级的享受。

甲骨文有四个（míng），一是日月"明"：日月相照为明。二是目月"明"：目彻为明，眼睛透彻明亮为明。三是囧月为"朙"：从圆形窗户透过来的光亮和月光一样明亮。四是田月为"明"：将圆形窗户改为方形，其

义相同。此情此景，很容易让人联想到卞之琳的诗《断章》："你站在桥上看风景，看风景的人在楼上看你。明月装饰了你的窗子，你装饰了别人的梦。"

"文明"一词的源头在2000多年前的《周易》里："见龙在田，天下文明。"

"四大文明古国"这个概念是梁启超先生1900年提出来的。西方人称文明古国或地区为"文明摇篮"，西方学者关于世界"古老文明"有六分法和九分法，中华文明均含其中。

文明的标准是什么？西方学者提出三个条件，中国和日本学者在此基础上补充一条。四条中唯独文字标准不可或缺。汇总如下：

表1."文明"四大标准

城市	容纳5000人以上
文字	用于记录、保存和传播信息
建筑	比如大型集会宫殿、祭祀神庙
冶金术	比如青铜器的铸造和使用

按照这个标准衡量古老的中国，4300年前的陶寺遗

址，帝尧之都，就可称为最初"中国"。华夏根基于此，此处已使用青铜蟾蜍，城市人口规模已达1.4万，宫殿区、祭祀区齐全，具备了早期国家形态。这个观点的"硬伤"在于至今没有发现令人信服的文字，只在一个陶器上发现了两个"符号"，后世学者试释为：文尧、文邑、文唐。只有两个符号，尚无法确认它们就是文字，也无法确认它们与体系化的甲骨文字中的"文""邑""唐"三字有什么必然的传承关系。就如同夏邑·二里头遗址，我们都希望它是夏代都城，可是截至目前没有任何文字可以证明它是。

如果死抠"文字"标准，中国文明史只能推到3300年前的殷商时代。这当然不会是事实，因为一个成熟的体系化的文字不可能突然从天而降，一定有一个合理的走向成熟的过程。这个合理的成熟期有多长？是需要研究的。考古并未发现商代简牍，但甲骨文字已强烈地暗示世人，它们真实地存在着。文字成熟于商代，商人的祖先东夷族人早有铺垫。就文字而言，当时的华夏族是落后于东夷族的。

文字是准确记录语言和传播信息的工具，是人类的"仆人"。我们一再强调甲骨文是体系化的成熟文字，那么文字成熟的标准是什么？最起码，具有一定的数量规模，单个字的形、意、音具有相对稳定性，可以完整记录语言，在不同时空下，可以长期重复使用而无歧义。同时，还应具备使用的便捷性和广泛性。正如鲁迅先生所说，既要"绵历岁时"，又要"全群共喻"。

据此,贾湖刻符、半坡刻符、姜寨刻符、二里头刻符,尚不能算作成熟的文字。我们相信这些刻符可能表达了某个族群的某些意思,但不能用甲骨文字的知识去解读远古的符号,尤其贾湖刻符,与甲骨文字相距5000年,尚没有证据能够表明它们之间有传承关系。

我们常说中华文明上下五千年。这意味着在3000多年"信史期"之前,还有2000多年的"神话期"。对于史前文明,先民们口耳相授、代代相传,执着地将它们留存在集体的记忆里。百代传承,信息难免损益、失真。不断涌现的考古资料,证明着《山海经》《竹书纪年》中有关内容的真实性和来源。

在四大文明古国中,古埃及的象形文字和古巴比伦的楔形文字差不多同时成熟于公元前3200年,古印度的印章文字成熟于公元前2500年,均比中国的甲骨文字成熟期早。可它们最晚在公元几世纪已完全消亡,而中国的甲骨文字只是沉睡了3000多年,一觉醒来,看到的是家族兴旺、儿孙满堂的繁荣景象。泱泱中华,一字一故事,陈寅恪言曰:"一字即是一部文化史。"

表2. 四大文明古国比较

文明地区	美索不达米亚文明（西亚）	古埃及文明（北非）	古印度文明（南亚）	华夏文明（东亚）
流域	两河流域	尼罗河流域	印度河流域	黄河长江流域
文明古国	古巴比伦（伊拉克）	古埃及（埃及）	古印度（巴基斯坦）	中国
文字成熟期	约前3200年	约前3200年	前2500—前1700年	约前1600年
文字名称	楔形文字	象形文字（圣书体、僧侣体、世俗体）	印章文字	甲骨文字
书写介质	木质笔 芦苇笔 黏土板	芦苇笔 莎草纸	石头 陶土、象牙 青铜	玉刀、铜刀 龟甲、兽骨
文字类型	表音文字	表音文字 字母文字	象形文字 表音文字	意音文字
现代官方语言	阿拉伯语 英语	阿拉伯语	英语 印地—乌尔语	现代汉语

雅利安人踢到铁板

雅利安人本是东欧平原乌拉尔山脉南部的一个游牧民族,白皮肤,高鼻梁,身材高大,骁勇善战,又有马拉战车和弓箭这样的先进武器,战斗力极强。他们在约公元前2000年迁徙到中亚南部的阿姆河、锡尔河流域。不久,全球遭遇小冰期,雅利安人为了躲避寒冷,纷纷南下欧亚非。

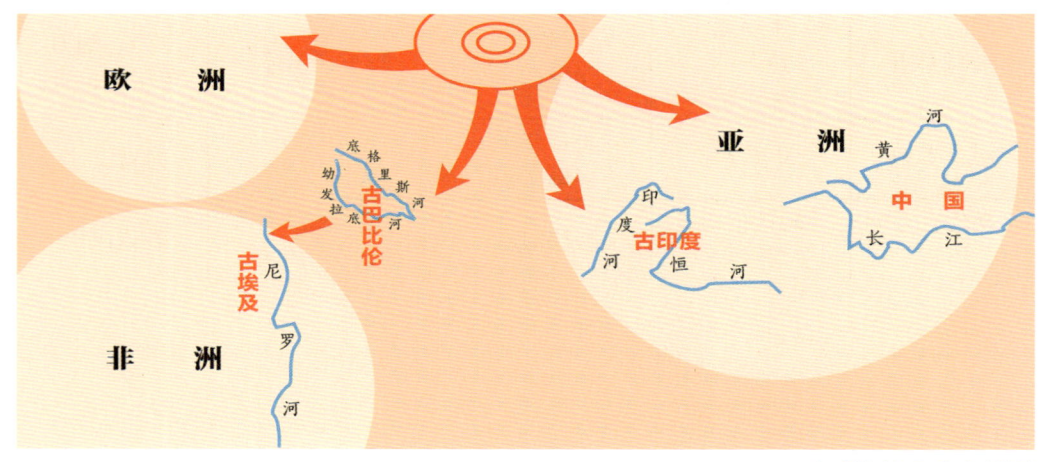

"文明粉碎机"进攻路线图

其中一支直指北欧,另一支冲上伊朗高原,然后一路向西,横扫阿拉伯半岛、地中海东岸,直抵北非,让古埃及和古巴比伦文明遭受致命打击。第三支穿过阿富汗兴都库什山脉东南部的开伯尔山口,约公元前1700年,直抵印度河上游平原,并在那里定居下来,摧毁哈拉帕文明,推行"种姓制度",驱逐并虐待创造了古印度文明的达罗毗荼人,强行输入他们的语言：梵语，给古印度社会造成极其深远的影响。第四支经哈萨克斯坦，沿伊犁河溯行进入中国，越过天山抵达蒙古高原，然后折向南下进入河套地区，直逼中原，向殷商王朝发起进攻。

商人从来没有见过这类诡异的外族入侵者，惊异之余不免感到害怕，因此称之为"鬼方"。甲骨文的"鬼"字，是一个头戴面具鬼头鬼脑的人。因"鬼"而生"畏"，一个高举棍杖令人恐惧的鬼的形象。因"鬼"而生"魃"，

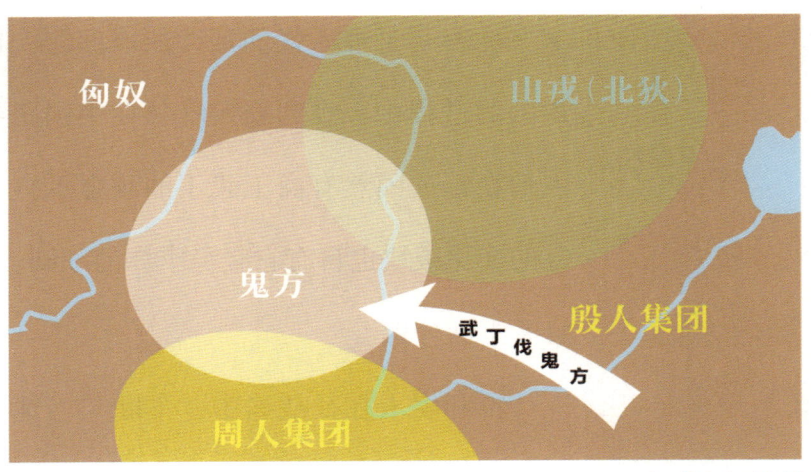

鬼

畏

武丁伐鬼方示意图

一个满头毛发的非人似鬼的家伙。因"鬼"而生"醜"，一个贪杯无度、酩酊大醉、丑态百出的形象。醜，从鬼、酉声。卜辞用于人名。

面对如此强敌，商王武丁不敢掉以轻心，只得积极

应战，誓死保卫家园，这仗一打就是3年。卜辞记载，商朝共伐鬼方17次（以大加小曰伐），征鬼方19次（天子自往曰征），围鬼方5次。动辄出兵三五千。《易经》记载："高宗伐鬼方，三年克之。"高宗即指商王武丁。历经3年持久战，最终取得胜利，将雅利安人打回来时路，前后斩首2万余。

倘若雅利安人这个"文明粉碎机"攻灭了商朝，中国的历史不知会改写成什么样子，我们引以为豪的甲骨文字能否有子孙后代的延续便成问题。在入侵四大文明古国的进程中，雅利安人唯独在中国踢到了铁板上，原因何在？这固然有商王武丁的顽强抵抗，而东方这块独立的文化板块也自有它坚稳牢靠的基础。欲知详情如何，且听下回分解。

雅利安人在征战途中，不断与当地人融合。一份由美国人研究的世界人种基因图谱报告表明，雅利安人的基因比重在欧洲自东向西、自北向南依次衰减。

值得注意的是，妇好墓中随葬的个人用品，显示出强烈的"非商风格"，比如铜镜、弓形器、车马具和车马饰，以及北方草原风格的弧刃青铜刀，显示着它非商成员的身份。那么，妇好来自哪个方国？至今学界依然没有定论。后来有学者根据妇好墓中的青铜噘口罐器形与山西忻州白燕商代遗址出土的陶质噘口罐完全相同，以此推测妇好可能是山西忻州人，认为青铜噘口罐是模仿娘家器形制作，作为送嫁时的媵器归商。白燕商代遗址处在殷墟以北、直面吕梁山区，是殷商王朝抵御土方等敌国的前沿要地，尤其曾是有娀氏族群中的简狄部族生活过的地方。由此暗示，妇好所在的方国与简狄有着某种联系。

问题在于，妇好墓中随葬的弓形器、车马具和车马饰，与雅利安人的装备是否有着直接的关系，学界众说纷纭，莫衷一是。

遥远的东方

　　从地中海南岸到新月沃土，翻过伊朗高原，抵达古印度河上游平原，绕过世界最高山脉，经过茫茫沙漠和黄土高原，才能到达黄河中下游平原，这里真正是遥远的东方！四大文明古国由西向东分布在北纬30°～35°之间，无论气候炎寒，都有无尽的"生命之水"流淌在肥沃的土地上——形成了真正的世界文明的摇篮。有趣的是，三个文明古国均发源于母亲河的中下游，唯有古印度文明发源于母亲河的上游。四大文明古国的辉煌时期，都处在农业革命时期，处在奴隶制盛行时期。文字是文明最重要的标志，四大文明古国早期文字都经历了图画（象形）阶段。虽然古埃及象形文字、古巴比伦楔形文字、古印度印章文字都比中国的甲骨文字成熟得早，存世时间都不短，只可惜，前三者都因不断遭受外族的入侵和环境的恶化而毁灭，只有中国的甲骨文字自诞生之日起不断开枝散叶，数千年绵延不绝，至今屹立于世界的东方！何哉？

　　大致有三大原因。

一、中国是一个人口和面积体量庞大而且相对独立的地理单元

　　中国在文明发展过程中没有受到其他强大文明的冲击、渗透和阻断，尤其是成功抵御了雅利安人的野蛮入侵，没有沦为古印度文明那样悲惨

的命运。中华文明在绵延的山脉、荒漠、高原和大海等天然屏障的庇护下，在自己广袤的土地上，在人口红利（秦朝2000万人，汉朝5950万人）的支撑下，又有万里长城的屏障保护，"纯正"发展了几千年，形成了深厚的文化根基。即使少数民族入主中原，造成社会动荡，但始终无法撼动华夏文明强大的根基，入侵者反而被"同化"。八国联军可以火烧圆明园，掠夺成千上万的国宝，但同样无法撼动中华文明的"根"：生存空间尚在，种族文化依然。中华民族以文雅、宽容和自省的心态有选择性地吸收外来文化，"师夷长技"，从而丰富了中华文明的文化内涵。

二、意音文字的"美质"决定了中华文明具有非同一般的稳定性和持久力

中国疆域广袤，景象万千，各地方言众多，但面对古老的经典文书，今天的中国人都能看得懂，理解也相同，这正是商朝书面语言的魅力。正如古文字学家李济所说，表意文字所体现的简朴和终极真理牢不可破，不受狂风暴雨和艰难时日的侵袭，保护了中华文化长达4000年之久。其坚固、方正和优美的字形，恰如它所代表的民族精神。

三、广泛的文化认同是中华文明生生不息的基石

汉族本不是一个单一的民族，它是以华夏族为主体的多民族融合体。远在七八千年前，生息繁衍在黄河流域中上游的华胥后裔，以花为图腾，后人称为华族（华与花同义）。夏启时，华族和夏族融合而成华夏族，

即今之"华夏"。华夏融合夷商,黄帝战炎帝,尧、舜、禹伐三苗,使得华夏势力范围不断扩大。"华夏"自汉朝改为"汉族",沿用至今。几千年来,在中国的社会政治制度下,中国的知识分子群体坚定地传播着儒家正统思想。文化的广泛认同,促进了中华民族的大团结。

附:甲骨文"中国"与"华夏"

"中国"一词最早出现在西周青铜器何尊的铭文中,其中一句为"宅兹中国",这里的"中国"指的是以洛邑为中心的中原大地。历史上的中原包括河南省中北部,山西省南部,陕西省和山东省各一部分在内的黄河中下游地区。何驽先生认为帝尧之都陶寺是最早的"中国",从地理方位上看亦属中原。

在传世文献中,最早的"中国"一词,见于《尚书·梓材》,其中有"中国民"字样,《诗经》中也有"惠此中国"和"女炰烋于中国"等句。"中国"的本义,就是居于天下中心的区域,处于四国、四方的拱卫之中。这里的"国"指的是地域、城邑。"国人"是居住在畿内国城中的贵族和平民,与之对应的"野人",是指被征服和统治的对象。

甲骨文"中",字形有 ᚕ ᚖ ᚗ 中。著名文字学家唐兰以为是徽帜、旗帜,字形中有若干飘游,也有无飘游之形。称之为"中",是因为徽帜、旗帜往往置立在一地的中央。字形中间的"方框"或"圆圈",为附着于旗杆上的物件,或指旗杆的中间部位(指示符号)。旗帜立于显著位置,有招集、号令的作用,正所谓"以旗致万民"。有些学者则认为,此字像测日影的工具,或像风向标。郭永秉认为,"中"带有原始图腾性,把它理解为天地"中和之气",较接近于事实,包含虚实之间的意味。不过,学界目前更多倾向于唐兰的见解。不知此"中"是否为儒家"中道"可追溯的思想源头?

从文字学角度,甲骨文"或""国""域"本为同源字。甲骨文"或",字形 ᚘ。西周金文字形 ᚙ ᚚ ᚛ ᚜。从口、从柲(bì)(兵器的柄),有的在圆圈上下加横以围之,有的在圆圈上下左右加横以围之,有的追加义符"邑"。"或"外加"囗"成"國",字形 ᚝,在西周金文中已出现。

甲骨文"华",借"丵"(hū)为之,其字形 ᚞,根系发达的植物,预示着花繁叶茂。西周晚期字形变为 ᚟,南北朝时期才出现"花"字。此前"华""花"一形。

甲骨文"夏",字形 ᚠ,商金文字形 ᚡ,像一人侧身跪坐在当空的烈日之下。推测为"夏日"之"夏",隶定为"昈"(xǔ),意思是:明。

何组卜辞中用于贞人名字。李学勤举出"人在日下奔走形"的"族名"，其形 ▦（《殷周金文集成》10323号盆铭），从字形角度，郭永秉先生认为可能就是"夏"字。西周晚期金文字形 ▦，将原本侧身跪坐之形变为侧身站立之形，将"日"从头顶移到面前，或将脚趾讹混为"女"。春秋中期金文字形 ▦，去掉人头顶上的"日"，将伸展的双手与身体分离。战国早期金文字形 ▦，头顶之"日"复现。可见春秋以降，"夏"字分化为"有日"和"无日"两种字形。"无日"之形为后世所宗。

值得注意的是，"夏"亦通"雅"。《诗经》中的"雅"本就写成"夏"，古书上也有"雅"通"夏"的例子。"雅"字本从"隹"，是"鸦"的异体字。"雅"何以通"夏"？理据并不复杂。甲骨文字"雅"，源自"夏"之字形省减，是"日"和"脚趾"叠加、讹变的结果，其形 ▦（战国）。此形很像甲骨文"疋"（shū）的变异形态（也像甲骨文字"正"，金文中"疋""足"不分，战国时分化为二字）。甲骨文"疋"，字形 ▦，像连腿连脚的整个小腿，本义：脚。综上所述，"雅"与"夏"通假，它的形、音、义关系用"六书"的理论是无法解释的。其字形酷似甲骨文"疋"的变体，所以，"疋"亦为"雅"。"夏"亦通"厦"。

在甲骨文中，"夏"只是用于人名，尚无"硬证"确指它就是夏朝的"夏"。"夏"的说法最早出现于西周，"夏"也非春夏秋冬的"夏"，商代一年只分春秋两季，没有夏冬一说，四季之分成于战国。

无数专家学者据上古史和传世文献推定"夏"的存在,而考古学和古文字学并不足以证明,从而构成了"夏"之有无及性质的讨论中最大的实现困境。

　　甲骨卜辞所涉及的社会生活场景有限,甲骨文并不是当时所有的历史、思想记录的总和,甚至连主要的载体都不是,所以我们不能认定,卜辞中未出现的字,就一定不存在于当时的文字体系中。还有一点值得注意,商灭夏之后,对于夏文化存在防范心理,能不用的字尽量不用,也不排除蔑视、歪曲的可能性。

都邑屡迁

商朝是历史上迁都最为频繁的朝代,《史记》中说商朝人"不常厥邑",厥者居也,可见商人居无定所,经常"搬家"。

殷商时期,因为有了重大考古发现,尤其是甲骨文字和青铜铭文的发现,佐以历史文献,确认了从盘庚迁殷到武王伐纣的历史阶段:传承8代12王,历时273年。再向前追溯,中商、早商和先商时期,由于年代过于久远,文献稀缺,景象变得模糊。

关于商都迁徙,商史有"前八后五"之说。以汤为界,汤之前有八次,汤之后有五次,所迁都邑均在黄河中下游地区腾挪。

《史记·殷本纪》:"自契至汤八迁,汤始居亳。"契为帝喾之子,别称阏伯,助大禹治水有功,被封于商(商丘),后代称商族。汤为契的14世孙,推翻了夏代,建立商朝,定都于亳。"亳"在哪里?一说,汤原居地"南亳"(商丘谷熟集一带,今划归虞城县),后迁至"北亳"(今山东曹县),鸣条一战之后,商朝又迁都于"西亳"(今偃师县尸乡沟)。

以王国维的考证,"前八"指:从山东曹县迁至滕县(古称蕃),从滕县迁至砥石(河北泜水一带),从砥石迁至商丘,从商丘迁至泰山下,从泰山下迁回商丘,从商丘迁至殷(安阳),从殷迁回商丘,从商丘迁至亳（应为西亳偃师）。

商朝商汤至仲丁 10 位君主均在亳建都，由于天灾人祸、内忧外患等复杂原因，之后又有五次迁都。

据《竹书纪年》和《史记》记载：

仲丁自"亳"迁"隞"（áo）。"隞"又称"嚣"（áo），地望在郑州西北郑州商城遗址（前 1509—前 1465 年）。

河亶甲自"隞"迁"相"，今安阳市内黄县。

祖乙自"相"迁"邢"，今河北邢台市（一说河南温县北平皋）。"邢"古音（gěng），经典通"耿"。后因洪水之灾再迁于"庇"，今山东菏泽市郓城北。

南庚自"庇"迁"奄"（yǎn），今山东曲阜旧城东。

盘庚自"奄"迁"殷"，史称"北蒙"。盘庚迁殷之前，有说他先渡河南，复居偃师，后迁至安阳小屯。盘庚迁殷之后，晚商都城至少又有两次变动，因为洹北商城失火迁到小屯，再由小屯迁到朝歌（古称"沬邑"，因有沬水经流而得名，商代末期改称朝歌，址在今鹤壁市淇县）。

古文字中的：亳、隞、嚣、相、邢、耿、庇、奄、殷、沬。

亳（bó），甲骨文字形 ![] ![]。一释，会意兼形声字，从高省，乇（zhé）（草木落叶形）声。另释，从高省，从屮（cǎo）。两释均会意：像落叶的草木生于台观之下形。三释，从高省，乇声，像古之穴居形。本义：

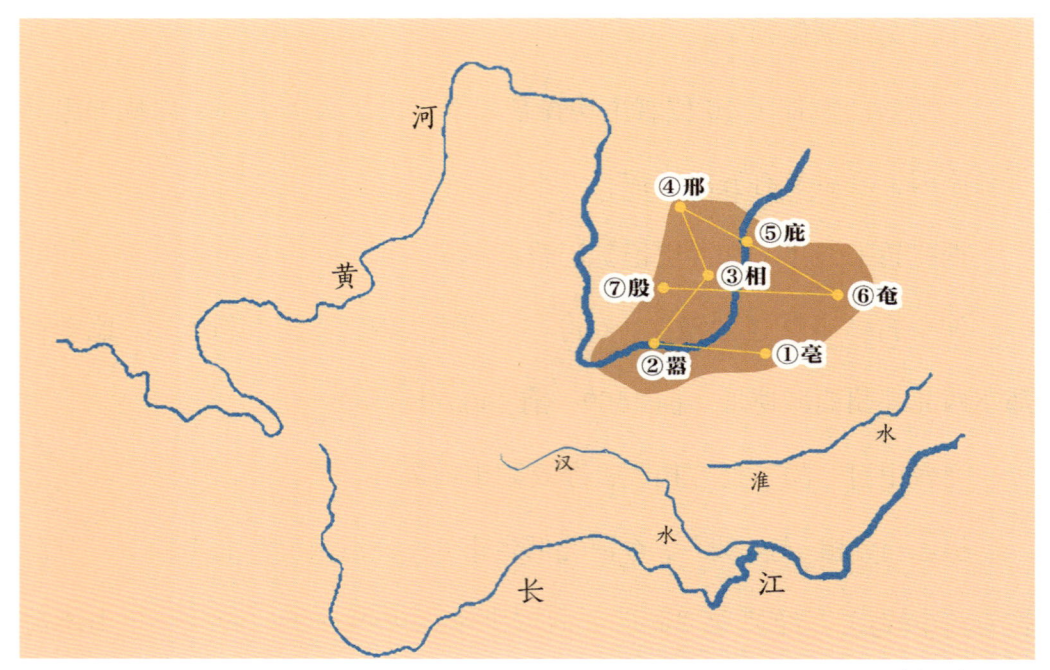

商朝国都迁徙图

穴居。

隞，本作敖、嚣。

敖，甲骨文字形 ⿳。像人竖发舒体之形。本义：悠闲之人，或为某一族群专名。敖又同遨、熬、嗷、傲。

嚻（嚣），西周金文字形 ，从页、从㗊（jí）。页的甲骨文字形 ，为突出人首的人形。㗊的甲骨文字形 ，以四口代表众多星星。嚣，读（xiāo）时，表示发声喧哗。读（áo）时，同隞，古地名。

相，甲骨文字形 。从木、从目。会意：以目视木，树上之目（在高处观察）。本义：相看、观察。

邢，初文作"井"。商甲骨文字形 井，周早金文字形 井。上古时期黄帝曾居于邢台轩辕之丘，亲率邢人开发利用井水，建井田，筑邑而居，后世邢人为纪念黄帝凿井筑邑之德，合井、邑二字为一字，此为"邢"字得形的来由。

耿，甲骨文字形 。从耳、娃（wēi）省声。本义：耳朵贴于脸颊。西周金文字形 ，从耳、从火，会面红耳赤之意。引申：光明、明亮，（动）照耀、映照、正直、刚直。

庇，甲骨文字形 。从人、从衣。像上衣裹人之形。本义：遮蔽、庇护。引申：寄托、保护、养育。与"依"为同形异字。

奄（yǎn），周早金文字形 。从申、从大。像上面展开的大东西覆盖着下面的物品。本义：覆盖。为"掩"之本字。

殷，甲骨文字形 。有三释。

其一，持物治病说。像手持可击刺之物，指向另一人腹部之形。此"物"指医疗器械，比如灸针、按摩器。大腹表示人有腹疾之忧。本义：治病。

其二，安胎说。殷，从身、从殳。"身"是怀着胎儿的孕妇，"殳"指敲击乐器。会意：在孕妇身旁演奏音乐，小心翼翼安抚胎儿，类似于今天的胎教。

其三，祭祀说。"身"指身体翻转的巫师，"攴"或"殳"指演奏音乐，这是祭祀祖宗天神的一种仪式。《说文》称"作乐之盛"为"殷"。《易》曰："殷荐之上帝"（以盛大的典礼奉献天帝），商人以舞蹈传达美姿，以音乐传达感情，表达对鬼神的虔敬之心。

有趣的话题还在于商朝为何被称为"殷"？商朝一直自称"商"，卜辞中多有：入商、大邑商、天邑商。有学者统计，甲骨文中"殷"出现过五次，青铜器上出现过一次，不仅数量少，且含"殷"的内容往往不成句，难以作为地名的确切证据。周人何时称商朝为"殷"？依据考古文献，至少在周康王时，西周普遍称呼前朝为"商"，西周中后期普遍以"殷"称之，这是否包含着周人对商朝的否定和蔑视，对周人的劝诫和警示？基于此，甲骨之"殷"又有新解："身"是大腹便便的贵族，"反身"表示贵族的身份已经失去，"殳"表示奴役。因此，"殷"字代表失去贵族身份而被奴役的人。聊备一格。

沬

沬（mèi），甲骨文字形 ᠁。像人就皿洗面之形。本义：洗面。西周金文字形 ᠁，从双手执覆皿于头顶之形，构形理据与甲骨文相近。小篆作"沬"，变为形声字，形虽失而本义存。"沬"在现代汉语中使用率极低，属于冷僻字。本指古水名，在淇县。因为"沬水"，故有"沬邑""沬乡"之名，且"三沬"在典籍中互通。

意音文字的"美质"

甲骨文字，既有内在属性之美，又是古人智慧的外化。其"美质"可归纳为如下几点：

一、象形与意音的紧密结合

古人创造文字是从现实生活入手的，造字就是对客观事物进行描摹，所谓"近取诸身，远取诸物"。图像化是文字发展初始阶段的自然状态，因形而生意，因形而有音，以形而标音，如此，每个甲骨文字都有它独立的形、意、音，这是由意音文字的内在属性所决定的。同属于意音文字的古巴比伦楔形文字，虽然也经历过图画阶段，但最终还是被横、竖、斜向的"钉子形"组合所替代而变得"抽象"。古埃及象形文字，其绝大部分"形象"是作为"拼音符号"出现的，由两个或两个以上的形象之音"拼"出一个新的概念，这一点最易被忽视。古印度的印章文字，虽形如牛马山川河流之类的自然图画，依然归附于拼音文字。

中国的甲骨文字以象形为基础，象形性一以贯之，立象以尽意，每个字都是一个生动的象形或象事范例。有形可象时以实物图形表示，观照人的力量和智慧，体现"人化的自然"。无形可象时，则凭借各种表示符号的不同组合表达某种意义，通过外物（符号、结构）抒发情感与观念。

以中国意音文字"六书"论,包括象形字、会意字、指事字、形声字,转注和假借可视为用字之法。

1.单形独立表意的象形字。包括人体、动物、植物、器物、天文、地理等诸多方面,且画成其物必突出其物象特点。比如12生肖:鼠、牛、虎、兔、龙、蛇、马、羊、猴、鸡、狗、猪。其中,马突出鬃毛以示矫健,虎突出血盆大口以示凶猛,牛羊以简约的头角示其温驯,龙的形象则千姿百态。

2.双形或多形组合,望形生义,谓之会意。比如:

春,双手持杵在臼巢里捣击谷物之类的东西。

鼓,以手持棒槌击鼓。

饮,一个侧身站立的人,伸着长长的舌头,做吮吸状。

美,像正立之人,头戴羊角形簪饰,以示其美。

梦,一位躺在床上的人做梦,居然手脚舞动起来。

从,一个人跟在另一个人的后面,表示跟从、随从。

3.双形或多形组合,其中一形(或两形)标音,谓之形声字。比如:

麐,麐即麟,古代"四灵"之一,本指史前已灭绝的大角鹿。其字形上面为一只"鹿",下面为标声的"文"。

娥🈳,从女、我声。卜辞中用于人名,引申:女子姿态美好,美女。

媚🈳,从女、眉🈳声。卜辞中用于人名,引申:眉目清秀的女子。

城🈳,从郭、成声。本义:城墙。

4. 在一形上加注某种符号,以符号限定某种意思,谓之指事字。比如本🈳、末🈳、朱🈳、臀🈳、项🈳、膝🈳、眉🈳。

5. 假借字。一类是有借无还,一类是借而再造。比如:

南🈳,本指一种瓦器,可以悬挂敲击。借为方位词南。借而不还。

我🈳,本指一种带刺的兵器,借为第一人称代词我。有借无还。

白🈳,有米粒、拇指盖、蚕茧几种解释,均取白色之义。借为"白"之后,另造一个米字🈳,像谷穗饱含颗粒状。

西🈳,本指鸟巢,因夕阳西下鸟归巢而借为西。此义被借后,古人另造一巢🈳字,从西、从木,意指鸟巢建在树上。

自🈳,本指鼻子,借为自己的自。另造一鼻🈳字,从自、从畀(bì),畀亦声。畀,箭矢形,突出箭镞,以别于"矢"。此借畀表示"指向"意,会意以箭指向鼻子。

6. 转注字。比如老和考、少和小、风和凡、可和歌、太和大。老🈳与考🈳,都表示一位拄着拐杖的老人,区别在于"老"字突出半盲的眼睛,"考"字头上散乱着头发。对于"转注"目前学界持"存而不论"的态度。

二、静态与动态的辩证处制

所谓静态，其字形处于对称、平衡、工稳、和谐的状态。

比如：大 𠂇、生 ⅎ、卯 ⺊⺆、立 ⋏、举 ⛳。

所谓动态，表示在静态构型基础上的姿态变化，给人以鲜活的韵味和美感想象。比如飨 🍲 🍲，两人侧身相对跪坐，身体前倾，对着食器就餐，很像今天的"吃火锅"。商人习惯跪坐，一日两餐，以手抓食。后一字形尤为生动，仿佛左边主人举起酒杯对着右边的客人说：伙计，干杯！

艺 🌱，一人双膝跪地，身体前倾，手持秧苗在田地里栽种。本义：种植。

沫 🛁，一人在洗头，动作很夸张，感觉要把水盆举起来往头上浇，或将头直接塞进盆中。

吹 🌬，一人侧身跪坐，身体前倾，张口吹气，旁观者仿佛已听到他的哨声。

夙 🌙，侧跪之人虽夕不休，借着月光加班干活。你能强烈地感受到他久存于心中的某种希望和梦想。

何 🧑，专家释为荷戈前行，担负的意思。但怎么看，都像一位老农扛着锄头下地干活，把锄头高高举起。

保 👶，一位长者弯着腰，双臂后围背护着孩子，保育之意昭然。

监🖼，一人弯腰低头，对着盆子里的水照镜子。似乎用力过猛，快要把器皿搬倒了，或许衣服已被沾湿。

三、简约与繁复的相互兼容

甲骨文字的"大美"在于，不但造字逻辑严密，构型抽象到位，而且表情达意简约、直接、率朴、生动。比如：尿🖼、屎🖼、毓（育）🖼、娩🖼、尾🖼、闻🖼、乳🖼。即使不熟悉甲骨文字的读者亦可知其一二。

甲骨文字尚未完全定型，其表意体系具有一定的宽泛性和不确定性，一字多形现象较为普遍，繁复与简约并存。比如一个"春"字就有10余形：日屯、屮屯、木屯、木日屯、屮日屯，其中屮、木可以是一个两个三个四个。一个"逐"字，字形🖼，其脚（止）所追者可以是豕，也可以是兔、鹿、马、犬。"牡"字表示雄性动物，与"且"组合的动物，可以是牛、羊、豕、鹿、马中的任何一个。

此外，还有乾坤大挪移者。比如"昔"字，其中甲骨文字形🖼 🖼。大洪水到来时，日在水上象征日被托起，日在水下预示日被浪花淹没。比如孰（熟）🖼 🖼，人可在宗庙旁献食，也可跪坐在宗庙之上贡食，左右结构因此转化为上下结构。

字形的繁简并存也是甲骨文字的一大特点。比如虎、鹿，可写意，亦可写实。凤，可以是象形字，也可以是形声字。焚，或以火烧木，或单手举火烧林，或双手举火把烧林。鸣，鸟儿可朝左鸣，亦可朝右鸣。

甲骨文字的这种随体赋形、随体异形、一任自然的状态，为书法艺术创作提供了极大的自由发挥的空间。

四、竖向与横向的智慧挪移

竖：马、鸟、象、鸡、猴［此形本为夒（náo），猴属］。

横：鹿。

甲骨文字的竖写形式直接受到商代简牍书写形式的启发和示范（另节讨论）。竹简木牍的条状形制，引导了书刻文字同样自上而下的推进方式。顺着纹路易于契刻，垂直于纹路则难。古人积累了这方面的经验，所以尽量将长笔画、多笔画顺着纹路契刻，将短笔画、少笔画留在垂直纹路的方向，于是出现了许多竖起来的字的形象，比如马。为什么没有将"鹿"竖起来呢？因为夸张的鹿角并不一定比鹿的身体短多少，竖形并无多大意义。久而久之，古人形成了"纵势字形"的使用习惯，随着时间的推移，"横势字形"越来越少。

五、不断形声化的发展趋势

如下表格中会意、象形、形声、指事字的占比，一是来自朱骏声《说文通训定声》一书对《说文解字》的统计，一是本书根据姬长明《甲骨文书法字典》（增订本）的统计。从甲骨文到小篆，象形字和会意字比例下降幅度都很明显，指事字比例基本持平，形声字比例大幅增加。随着社会的发展，后起字数量不断增加，增幅最大的当属形声字。所以说，汉字发展趋势是一个不断形声化的过程。

古文字"四书"占比表

	《甲骨文书法字典》 （2024版增订本）	《说文解字》
会意	58.88%	12.5%
象形	16.14%	3.9%
形声	11.78%	82.4%
指事	1.6%	1.33%

古典城邦

商代是一个宗族社会，无论王族、方国、臣属群体小族，均聚族而居。国都有城，城外有郭。邑外有郊，郊外有牧，牧外有野，野外有林，林外有坰。若居高空视天下，会看到其似无数星点围拢在王畿周围，且渐次稀疏，渐次渺小。

商代的"古典城邦"当然是贵族阶级的骄傲。城邦常依水而建，于向阳地，壕沟设险。宫殿区、墓葬区、祭祀区、手工作坊区、平民区、奴隶区，布局井然。宫殿建在高台上，前堂后寝，四阿重屋，单间套间，雕饰有别，厢房回廊，一应俱全。安居雅舍，又显得斯文，积土积德，登高上进，实用庄严。平民奴隶，平房穴居，遮风避雨，引以为安。

夏墟·二里头复原图（马应君 摄影）

商代社会分工明晰，尤其手工业的专业化分工细致，素有"百工"之称。比如建筑工、漆工、纺织工、陶工、绳索工、酒器工、制骨工、旌旗工、马缨工、釜工、篱笆工、锥工等。这些手工业者以自己的产品与别人交换，获得生活所需，促进了民间贸易发展。官营商业在宫中设有市与肆，提供贸易场所，并设多贾之职加以管理。

关于城邦建筑、城市道路、商业贸易，甲骨文字多有描述。

國（国）〔字形〕，会意以武力或游说守卫城邑。

城〔字形〕，从郭、成声。城邑四周的城垣，常包含城和郭，当城、郭对举时只指城。

郭〔字形〕，城墙上所设的相对应的两个亭子。通"廓"。

高〔字形〕，其形自下而上：石基、台子、台阶、顶盖。本义：高地居穴。

京〔字形〕，由立木、高台、阶梯、遮盖物组成。本义：建在高处的房屋。

就〔字形〕，像两层建筑，重复、重叠之意。

邑〔字形〕，从囗（wéi）、从卩，囗代表城邑。像人居于城邑。本义：城邑。

牧，手持鞭子驱赶牛羊等家畜。本义：放牧。

埜（野），从林、从土（块）。郊土生林曰野。本义：郊野。

林，从二木。本义：成片的树木。

鄙，从口、啚声。本义：边邑，疆域。

良，房屋前后有道路和走廊。本义：通道。通"廊"。

牆（墙），从啬、爿声。房屋或围场周围的障壁。本义：院墙。

宀（mián），房子正视形。

廣（广），从宀、黄（人胸前佩玉形）声。本义：大屋。

庞，从广、从龙。巨龙在屋内。本义：房屋高大。

尚，房屋与窗子相连一体。本义：尚且（如此）。

宫，从宀、从吕（此非吕字本义，只表形），吕表示居室相连相通。本义：居宅。

室，会意兼形声字，从宀、从至，至亦声。至有止的意思，室、屋之字皆从至。本义：居室、房间。

亚，宫室俯视图形（平面图）。

宣，从宀、亘（xuān）声。亘，甲骨文字形，像回旋的水涡，与"回"为同形异字。读（gèn）时，意为连绵不断。宣的本义：天子宫殿。

宋 ⿳, 从宀、从木。本义：木房子。

囧（囧）⿳，象形字。本义：窗户。

向 ⿳，从宀、从口。本义：北向的窗户。

宇 ⿳，从宀、于声。本义：屋檐。

门 ⿳，两扇门形。单扇为户 ⿳。

阁（gé）⿳，从门、从合（盖住器物形）。本义：旁门。通"阁"，屋顶层内的房间。

庭 ⿳，从宀、聼（听）声。本义：房室之内。

爿（片）⿳，象形字，本义：床。

席 ⿳，象形字，编织好的供坐卧的垫子。

宿 ⿳，从宀、从人、从席。人在室内卧床休息。本义：住宿之处。

坐 ⿳，一人跪坐于席上。

街 ⿳，从行、从圭，圭亦声。表示通达的道路，特指城邑中宽阔的道路。⿳，隶定为"圭"，两个土块上下叠加。本义：垒土。

道 ⿳，从人、从行。人行走在道路上。本义：行道。

西周金文将"人"改为"首"(人头形),字形为⿰,会意兼形声字。商代道路夯土为基,考古发现,洹北商城道路铺有鹅卵石、碎陶片和骨骼,最宽处14米。商代双轮车距一般在1.5米以内。

宗⿰,从宀、从示。示为神主牌位。本义:神庙。

井⿰,井口横木交叉形。商人注重饮水安全,井挖好后,将空心圆木垂直落入井底,然后在底部敷设细沙过滤泥土。

关于集市贸易,甲骨文中有三个关键字:市、肆、朋。

市⿰,从止、从兮省。本义:市场。

肆⿰,以手对宰杀过的牲畜再加工(去毛、解剖),然后阵列献祭。由布阵陈列之义引申为街市、店铺。

贾⿰,像贝贮藏在器中。本义:贮贝。引申:买卖。

朋⿰,像两串贝形。古代货币单位。五贝为一朋,也有十贝一朋之说。由于天然贝稀少且大小适中,又便于携带和计数,因此被赋予商品交换的一般等价物职能。原始贝币产生于距今3000多年前的商代,是钱币的始祖。商代晚期出现了仿海贝的铜质货币。

提起商代精致的"古典城邦",我总会联想到古印

度高度文明的哈拉帕和摩亨佐·达罗两座城市，也会无尽地猜想它们消亡的真正原因。

马拉战车

马与战车传入中国的时间当在商代晚期。传入过程：从中亚传入新疆，从新疆传入甘青地区，从甘青地区最终传至中原。中原地区对战车进行了改造，以适应本地区地理环境和文化特征。我们印象中最早的两轮战车就是妇好墓中出土的模样。车厢最多乘立三人，右为尊者，左为陪乘，中为驭手。由于马拉战车的使用，商末战争从纯步兵列阵"突变"为战车冲锋，牛车补给物资，战争形态发生了令人惊愕的变化。日常生活中使用的有两轮车、独轮车，马拉车、牛拉车和人力推拉车。最早的"车迹"在二里头夏墟遗址被发现，推测道路宽度在 1.2~2 米之间。夏代之前中国有没有马车目前尚无出土证据。中国早期文字资料中关于马车和牛车的记载均与西北的"戎人"有关。

甲骨文的"车"字，证明了殷商两轮马车的存在。在车之左右加手之形，表示车行受阻时驭手或士兵帮助推车，由此可以想见商代的道路设施和通行能力较差的状况。加之马车并不很结实，辕轴在颠簸不平的路途中容易损坏。甲骨文中就有因道路不平或车祸而损坏的"坏车"字形。

中国历史上有据可查的最早的"车祸故事"出现在一片甲骨卜辞中："癸巳卜，殻贞：旬亡祸？王占曰：乃兹亦有祟，若称。甲午，王往逐兕。

小臣甾（载）车，马硪，迫王车，子央亦坠。"大意是：癸巳日，大巫师㱿主持了一场占卜活动，询问十天内有无祸事发生？商王根据卦象分析认为有可能发生。甲午日，商王一行外出狩猎犀牛，途中，小臣驾驭的马车碰到石头上翻车，并且撞向商王乘坐的马车，驭手子央当场坠落。此辞暗示商王也摔得不轻。

这场车祸的后续也刻在卜辞中："乙未卜，宾贞，令永途子央于南。"意思是，商王在乙未日又进行了一次占卜，根据卦象分析，商王命令一个叫永的人往南方去追捕子央。这条卜辞说明子央在车祸后逃跑了。子央为什么逃跑？商王又为什么要追捕子央？是否与这起车祸有关？不得而知。

子央确实被抓到了。子央的结局在其他甲骨上亦有记载："丙申卜，贞，翌丁酉用子央岁于丁。"意思是说，商王在丙申日再次举行占卜，通过卦象决定在丁酉日用子央"岁祭"商先祖丁。岁者，刿也，宰杀祭品之意。可怜子央，成了牺牲品！

有的甲骨文书法家写"车"时或出于猎奇，专选"破车"一形。殊不知，如此是把车祸送给了人家。原本祝愿别人"幸福",却选"幸"之手铐形：㊉,可见了解甲骨文字形字意的重要性。

人类在农业革命时期,已驯服了"六畜",作为运输工具,常用马牛。就是说,宰杀食用的多为猪狗鸡羊犬等小型动物。据宋镇豪《夏商社会生活史》,大象在殷商时代已成为日常驯用的动物,商人乘象成为时尚。

甲骨文中商人"驯马仆牛"的相关用字很多。简要列举如下：

饲养牛之圈曰牢㊉,饲养马之圈曰厩㊉,驭马需戴的笼头曰羁㊉,所扯缰绳曰辔㊉,扬鞭驱马曰驭㊉,使马奔跑曰驶㊉,无车乘马曰骑㊉,引牛劳作曰牵㊉。

有趣的话题在于中国的马拉战车究竟从哪里来？

从考古学角度,殷商之前未见两轮马车。公元前 1200 年前后,当被商人称作鬼方的雅利安人入侵中国,双方交战 3 年,雅利安人作战的利器正是马拉战车和弓箭。在俄罗斯乌拉尔山南部辛达雪塔发现了 5 座约公元前 2000 年至公元前 1600 年的车马坑墓,那里正是雅利安人的故乡,因为遭遇了小冰期,雅利安人被迫多路南下,征服了三大文明古国,虽然在中国踢到了铁板,但把先进战车留给商朝却是极有可能的事。有学者认为："中亚草原的游牧民族在接受了来自两河流域传来的四轮马车之后,将其逐步改造为双轮马车,并沿着欧亚草原向东传播到中原。"中亚地区马车出现的年代与中国夏代（约前 2070 年至前 1600 年）大致相同，可是夏代的马车遗存并未被发现。当然，仅凭这点并不能证明中国马车一定为"舶来品"，也许这是两种文化在中原大地上碰撞、交织与融合的结果。

传说中上古轩辕造指南车，夏初奚仲造车，商先祖相土作乘马，商高祖王亥作服牛，但终究还是传说而已。

中国古代的马车一般为独辀（辕）、两轮、方形车厢（舆），两匹马或四匹马驾车，车上可乘两三人，中间一人为驭手。其种类分轻车、冲车和斗车等。车的细部零件有轴、害、辖、毂、輈、辐、轒、轭、轫、鞁。在这些结构部件中，甲骨文只有"舆"和"轮"二字。

舆 ，像四手抬着一副坐轿车厢。本义：抬举。有专家释为造车。舆之本义暗含古人坐轿的史实。

轮 ，商代金文象形字。

此外，甲骨文没有"鞭"字，有"更"，字形 ，从攴 、丙 声。攴，手持木杖以击物。会意以手持杖击鱼尾，鱼尾代指动物。本义：以杖驱使。或为"鞭"之初文。西周金文"鞭"，字形 ，像持鞭之形。可见，商人手中的鞭子很可能就是"更"。

远行他方

商人是古代最爱远行的一群人，经商的传统让他们足遍四方。商人出行无非陆路和水路，交通条件和运输方式直接关乎着他们的商业效率（物资交换、信息传递与交流）。

商王朝的国家治理结构是"内外服制"，处在中心位置的是"大邑商"。在王畿疆域之外，是商王朝的"四土"与"四方"。这些方国诸侯与商王朝在政治上是统属关系，但又高度自治，与商王朝的关系时近时疏、时敌时友，非常微妙。商王的策略是羁縻与征伐并用，在这种情况下，道路交通显得十分重要。

商代社会是聚族而居的散点式布局，道路交通的亮点在于王畿、方国、诸侯等聚落内的建设规模与档次，比如规划整齐、路面宽阔，路面质量尤其讲究，讲究夯土硬化后再敷设一层鹅卵石、碎陶片、骨头渣，甚至石板加以硬化，大大提高了雨雪天气的通行能力，这就是商人自豪的"王道正直又平坦"。但是走出城门，伸向郊野远方的路况越走越差。虽然都城与各方国、部落、臣属封地都有道路相连，形式上四通八达，但路况等级参差不齐，两邑中段质量最差。若是把上述路网比作现代社会首都与各省会城市之间的国道和省道，那么连接群体小族聚落的道路只能算作县道和乡道了，荒凉而落后。出行只能靠步行或骑乘，运输靠提、拖、顶、背、驮，传递信息靠招手和呼喊。遇到雨雪天气，道路泥泞，出行会变得更加困难。

商代的交通要道主要用于征伐、朝拜、出入王命、纳贡、田猎、农耕和外祭。为了防范盗寇，给过往寄止的官员提供不时之需，武丁时期沿路设立据点，每隔一日之程设一个，名曰"葉陮"，木栅墙或木垛一类人工构筑设施，一般设在干道附近的高丘或山上。并在路边设有官方旅舍，名曰"羁"，专为贵族享用，兼具消息传报功能。各方国族落也会设类似的驿站，基本间隔为三天路程，以此伸向远方。商王贵族出行的交通工具一般为马车，也有骑马乘象的。马车出现于晚商，形制为一车两轮两马，商末出现了一车两轮四马。牛车主要用于辎重运输。值得一提的是，平民出行靠的是双脚和体力。王公贵族享受的是马车、驭夫、驿站、随从等一条龙服务，至少有骑马骑象人力车的待遇。

重 ，人弯腰，以背驮囊袋。本义：分量重。

備（备） ，人背箭囊。

何 ，人荷戈荷锄之形。

枼（葉）〔图〕，本义：树叶。简化为"叶"。

隹（duì）〔图〕，从阜、从隹。会意鸟集于高处。

羁〔图〕，像系马于栅栏上，或以手持鞭，勒马驻止。本义：马笼头。此指羁旅，过行寄止之义。

驶〔图〕，从马、史〔图〕声。本义：马跑得快。引申：行驶、驾驶。

驱〔图〕，以手持鞭赶马。本义：驱马。李孝定解释：驭为使马故从又，驱则鞭之使前故从支。

骑〔图〕，像一人骑在马背之上。本义：骑马。

商代交通工具有两轮车、独轮车、马车、牛车、人力推拉车。以功能划分，有战车、乘车。大约1万年前地球进入"全新世大暖期"，到距今约5000年，温热气候达到顶峰。晚至西周中叶，中原地区尚是广袤的森林、草原、沼泽，生长着亚热带竹类植物，很适合土产大象生活。甲骨文中出现了"象"〔图〕，出现了手牵大象役使助劳的"为"〔图〕。西周中叶后，随着全球气候周期性变化，中原地区由亚热带气候转变为温带大陆性气候，天气变得寒冷干旱，本土大象被迫南迁。还有一种说法，周灭商后，武王在中原地区大举开垦土地，大象等动物失去了栖息家园，被迫徙往他方。应当说，气候变化是主因，武王之举为次因。

商人依水而居。黄河、滴（漳）河、洹河、涅（溱）河、洛河、伊河、淮河，都是他们的生命之河，是商朝水路交通的要道。

甲骨文字保存了丰富的商人与水的信息。比如：大水横流谓之㳄（zhuǐ），波浪滚滚谓之涛，洪水横流谓之灾，水中陆地谓之州，深潭水溢谓之渊。徒步蹚水谓之涉，踩石过河谓之砅（lì），浮水而过谓之汓（泅），潜泳戏水谓之休（溺）（nì），皮筏漂流谓之橐，船行水上谓之洀（pán），荡舟水上谓之航，停船靠岸谓之泊。此外，时见逆水推舟人，行进难时有帮手。

舟，首尾上翘，不同于普通的独木舟。

凡，像扬起的风帆，它是图腾时代最早把"帆"创造出来的部落的族徽。此形诸释不一。有释为"盘"之初文，像"皿"之竖写。有释为铸造用的模范。

般，以手扬帆。甲骨文中凡、舟二字形近易混。

朕，双手持楫划船形，本义：划船。借指：我。

秦时定为帝王自称之词。

受🖼,一手推舟,一手承舟。一手交付,一手接收。本义:授予,承受。

服🖼,金文字形🖼。从舟、𠬝(fú)声。𠬝的本义是以手降服某人,舟指将其运走,使之顺从。

商朝财政

商王朝的国家治理结构有其独特性,商朝无论是王族还是方国诸侯以及中小地主均聚族而居,形成彼此独立的生产生活单元,各自开展独立的生产经营活动。每个族落亦如麻雀五脏俱全。商王朝每有重大军事行动,臣属方国、分封诸侯都要参与;每有重大祭祀活动,他们也要参与其中,并进贡相应的专业人才和物资。这其中也不排除商王的强行索取。

在这种治理结构下,商王朝的财政来源:一是"中央",二是"地方"。

商王室的生产和渔猎活动。据卜辞记载,商王常亲自主持或参与祭祀和视察农业生产活动。比如:"王往莅刈穄于……"意思是商王亲往某地收割穄。"王惟田省",意为商王亲自视察农业生产。"王狩膏鱼",意为商王用弓箭射肥鱼。"王其田盂",意为商王在盂这个地方田猎。商王如此,商王室其他成员必然参与,生产主力军当然还是平民和奴隶。

方国诸侯进贡、致送的财物庞杂。马、牛、羊、犬、豕、兕、象有之,盐、贝、龟、甲、玉、舟有之,甚至美女、巫师、人牲、畜牧人员亦有之。从卜辞内容来看,进贡多用共、登、入、来、以、致等字表示。

商王向方国诸侯索取的内容大致相同,只是用字略有区别,致、来二字表示进贡亦表示索取,但取、勾、乞三字只表示索取。

附甲骨文：农、牧、渔、狩、畋、共、登、入、来、以、致、取、匄、乞。

农 , 从林、从辰（耕田农具），或从手。会意：以手扶犁耕田。本义：农耕。

牧 , 从羊（牛）、从攴（以手持物，含击打义），会意持鞭驱赶牛羊。本义：放牧。

渔 , 从鱼、从水，或从鱼、从网、从手。会意持网在水里捕鱼。本义：捕鱼。

狩 , 从犬、从单或从干（单、干均为捕猎工具）。本义：狩猎。

畋 , 从田、从攴（手持农具）。会意下田劳作。

共 , 双手捧器以示供奉。

登 , 从二止（脚）、从豆（蒸器）、从双手。会意双手捧着食物跟随前人的脚步去祭献。本义：进献。

来 , 有根、秆、叶的麦子形象。本义：小麦。引申：返回。

以 。 有三种解释：会携带某物送致某处义，会人以手抓土义，会藤蔓结瓜义。

至（致）, 像箭自上而下射中目标。本义：到达、

送达。

取🖎，以手取耳。上古战争灭敌后割取左耳，以此记取战功。

气 ☰，中间横短，表示气流游动。与"乞"相通。如此，"乞丐"便有了甲骨文字形的对应。

从"妻娶婚闻"到"奔者不禁"

人类社会的婚姻制度经历了漫长的演进过程。起初是原始的"杂交婚",族群内无论长幼辈分,异性便可交,尚处在乱婚状态。随着文明程度的提高,开始实行"班辈婚",交媾仅限于同辈之间。终有一日,先民们意识到"男女同姓,其生不蕃"的道理,于是婚姻关系逐渐向族外拓展,继而又从"族外婚""走访婚"逐渐过渡到"对偶婚",其时婚姻方式依然是男访女家、男随女居、暮至晨归。随着男性社会地位的提高,男子不再愿意把自己"嫁"出去,而要求把女子"娶"回来,于是出现了"抢婚现象"。抢婚往往在昏时进行,这就是"昏"与"婚"勾连关系的来由。母系制进入父权制后,明面上实行一夫一妻制,这种婚姻制度本质上在于限定一妻只能侍奉一夫,而一夫可以迎娶多妻,比如商王武丁有妻60多位,帝辛有穿着绫纨的妃子300多人。商代实行"一夫多妻",不仅在于满足男子性欲需求,繁育后代,广继子嗣;也有与方国异族间基于联盟、羁縻的政治婚姻,如卜辞中记载:娶干女,吴以角女,帝乙归妹。

抢婚在异族间进行,女方未必出于自愿,常常带有强迫性。这样的夫妻关系天然地处于情仇交叠的状态。夏桀元妃妺(mò)嬉,本为有施

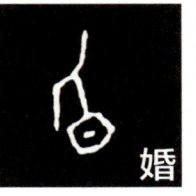

氏之女，夏桀在位时，发动战争攻打有施氏，有施氏兵败求和，献出马匹、牛羊和美女，其中包括公主妹嬉。妹嬉美貌，屈原曾赋诗称赞："有施妹嬉，眉目清兮。妆霓彩衣，袅娜飞兮。晶莹雨露，人之怜兮。"此后，夏桀又攻打岷山氏，得婉、琰二女。妹嬉受到冷落，伊尹策反，妹嬉充当了间谍，助商灭夏。

《周易》中有两则抢婚的故事读来饶有兴味。一则出于《睽》，说的是一个人夜间发现一车人，打扮成鬼怪模样，此人正准备搭箭射击，忽然发现这帮人并非恶人，而是抢婚的队伍。二则出于《屯》，一部族到另一部族去求婚，女方说姑娘要等到10年后才能出嫁，来人一听，决计抢婚，姑娘吓得躲进树林，抢婚的人通过占卜找到姑娘，将其抢走。

甲骨文：妻、娶、婚、闻，还原了抢婚的原始风俗。

妻 ，用一手或两手揪住女子头发，会意抢亲（另释为女子以手梳理头发）。

娶 ，会意兼形声字。从女，从取，取亦声。会迎取女子成亲义。取 ，以手取耳 。古代战争，杀敌后割取死者左耳，计数报功。本义：割耳。娶，貌似男子娶妻结婚，在商代实为抢亲。

昏 🜨，从日、从氏。氏有落下之义，在此表示日落，日落即"昏"。夜幕降临时，抢婚者开始行动，此情此境，"昏"即为"婚"。

闻 🜨，以手附耳谛听。西周金文字形 🜨，将耳朵单列，强化旁听效果。试想，抢婚者在黑夜里潜入女方部落，彼此视而不见，仅靠声音传递信息，如此情境，"闻"亦为"婚"。

夏商之际，平民多有"不婚"习俗。考古发现，半数以上商人生前不婚，死后"单葬"。解决"性"问题，自寻出路。官方也会创造条件，聚男女幽会于"欢乐谷"，尽情享受。正所谓："中春之月，令会男女，于是时也，奔者不禁（《周官·地官司徒》）。"但这种"奔放"也会带来困惑。大禹"得彼涂山女，而通之于台桑"，"嗜不同味，而快朝饱"。快活一时，可是，启是不是他的亲生子，禹也不敢肯定，于是心生疑惑："予不子（是我的儿子吗）"。在这种普遍的社会风气之下，商纣王"使男女裸"，相逐于"沙丘"之间，便不足为奇了。

农耕文明的印迹

中国古代文明属于农耕文明,民众祖祖辈辈以"耕田"为生。大约在距今1.2万年前,中国新石器时代早期阶段已出现了原始农业雏形:祖先们驯化了野生植物和动物,培育了"五谷"和"六畜",使用了简单的生产工具,采用了粗放的"刀耕火种"耕作方法,以及简单的协同劳作方式。先民们选择林地(林间隙地或边缘地带),放火烧山(烈山),两三年后另辟新地(游耕),几块土地轮流倒换种植(熟荒耕作),等等,都是他们在长期实践中的经验总结。在这个阶段,生产工具的使用逐渐细化:石(骨)铲、石锛、石耜、骨耜,用于翻土;石锄、蚌锄、石耘田器,用于中耕除草;石镰、蚌镰、骨镰、穿孔半月形石刀,用于收割;石磨、石棒,用于谷物脱壳。商代时已出现了少量青铜农具。牛耕技术的运用,标志着农耕文明走向成熟,这个成熟期从商代开始。

农耕文明的历史印迹,尤其是先民们发明和使用农具的劳动场景在甲骨文字里有着丰富的表达。

刀,甲骨文字形 𠂊 。像有柄有刃之刀形,由蚌、骨、石磨制而成。

刃,甲骨文字形 𠚣 。标示刀刃之所在。本义:刀刃。

辰，甲骨文字形⿰，西周金文字形⿰。像蜃蛤形，后加"手"，会操作之意，上面一横表示地面。本义：蜃蛤。作耕田农具蚌镰使用，卜辞中借为地支第五。

农，甲骨文字形⿰。像手持"辰"除草（木）的形状。上古时代，林木遍地，杂草丛生，耕种的第一步就是开荒除草。西周金文字形⿰，添加"止"或"田"，突出前往田地除草。本义：农耕。通"努""浓"。

乂（yì），甲骨文字形⿰，简化为⿰。像两物相交形。本义：剪刀。引申：割、治理。

刈（yì），甲骨文字形⿰。会以刀割草意，为"乂"的繁体。

利，甲骨文字形⿰。从禾、从刀，会用镰刀收割禾苗之意（以刀断禾），小点象征割禾时的碎屑。本义：割禾。引申：锋利、顺利、吉利。

制，甲骨文字形⿰。从未（木）、从刀。会以刀割未（木重枝叶）意。本义：修剪树枝。引申：制定、形制、法度、禁止。

刜（fú），甲骨文字形⿰。从刀、弗声。像用刀击砍之形。本义：击砍、绝斩。

—077—

刺（chì），甲骨文字形 ![字形]。从黍、从刀。像用刀割黍之形。本义：割黍。

振，甲骨文字形 ![字形]，西周金文字形 ![字形]。从手、从辰，或添加彳、止、点，表示耕作时振动农具，振出土屑。本义：振动。

震，甲骨文字形 ![字形]。从辰、从止，辰标声。像脚踩犁铧震动出土屑形。本义：震动。

枚，甲骨文字形 ![字形]。从木、从攴（杖）。会以杖击打树干之意。本义：树干。引申为量词"个"。

散（栜）（sàn），甲骨文字形 ![字形]。从林、从攴，会敲打树木使其散落之意。本义：芟除草木。引申：分散。西周金文字形 ![字形]，改"林"为"艸"，追加"月"为声符。

敉（mǐ），甲骨文字形 ![字形]。从攴、米声，像手持杖击米。本义：脱粒、去壳。先民们龙口夺食之后，悬着的心才会放下来，故有引申义：安定、安抚。通"弭"。

斄（lí），甲骨文字形 ![字形]。从来（麦）、从攴、从人（人为果仁之仁）。会以杖击植物果实使其开裂脱落之意。本义：收获麦子。

畋（tián），甲骨文字形 ![字形]。从攴、从田，田亦声。手持农具在田地里耕作。本义：农田耕作。引申：平田。

芟（shān），甲骨文字形 ![字形]。从屮、从殳。会手握古兵器殳 ![字形]（此

指农具）除草之意。本义：除草、割草。引申：消除。

勿，甲骨文字形。有多种解释。其中一解为耒耜起土形，点象征土屑。本义：翻土。甲骨文中常借之以为"物"字。

物，甲骨文字形。从牛、勿声。以"牛"代表畜力，会牛拉耒起土耕田之意。本义：犁田。为"犁"之本字。

耒（lěi），商代金文字形。古代的一种翻土农具，由"柱"——挖洞点种的尖头木棒（点种棒）——演化而来，有单齿、双齿之分。西周金文字形，追加了形符又（手）。其操作方法：插入、踩脚、翻土。

耤（lěi），甲骨文字形。从二耒。古人翻土常采用多人合作的方式，两人一组被称为"耦耕"，三人一组被称为"协田"。从双耒字形可见，商代不仅有"协田"，亦有"耦耕"。

枱（sì），甲骨文字形。从木、巳声。一种变耒之尖头为扁头的翻土农具，类似于今天的锹、铲。在古文字中，以（目）、巳同源，故"枱"后写作"耜"。

力，甲骨文字形 ⼒。古农具耒形，有柄有尖，用以翻土。耒耕需用力，故引申为：力气、力量、能力。

劦（协），甲骨文字形 ⼒⼒⼒。从三耒，或追加口，二犬（三犬）。口象征众人齐呼用力。从二犬（三犬）可见商代耕田时不仅有牛马牵引，也有犬的劳作。本义：合力、协同、共同。"协"加"十"旁，突出众人合力之意。

男，甲骨文字形 田力。从田、从力。耕田在古代是男人的一项重要职责，谓之"男事"，因此用田、力会意男人。引申：儿子、爵位。

方，甲骨文字形 方。像"耒"形。上短横像柄首横木，下长横表示脚踏的双肩，旁边两短画表示左右两边，正面多股分叉。甲骨文中用为方向、方国之义。

旁，甲骨文字形 旁。从凡、从方。造字本义不明。甲骨文中皆用为方国名、人名、地名。

耤（jí），甲骨文字形 耤。西周金文字形 耤。像人侧立推耒，举足刺地之形（或以手代人）。甲骨文已出现从"昔"之字，周以后习用从耒、昔声之字。本义：耕田。引申：古代天子常举行象征性的劝农耕田的仪式。通"藉""借"。

晨（chén），甲骨文字形󰀀，西周金文字形󰀀（从夕），战国楚简字形󰀀（从日）。古人对时间的感觉与日月密切相关。本义：犁田。古人晨作而暮息，引申为"清早天将亮时"，后更"臼"为"日"，作"晨"。

茉（huá），甲骨文字形󰀀。从羊角、从木。羊角表示两刃插地、刺土之器，木为把手。"铧"之本字。

蓐（rù），甲骨文字形󰀀。从屮（木）、从辰、从又（手）。会手持农具除草之意。本义：陈草复生，即锄过的草又长出来了。

耕，战国郭店楚简字形󰀀。像手持耒耜耕田之形。或省又（手）、加口，变为󰀀。小篆从耒、井声，或从耒、从田，会以耒井井有条地翻土耕田之意。

商朝的滋味

原始的采集、渔猎生活虽然显得漂泊，但先民们每天食取的动植物种类繁多，营养丰富。进入农业社会，人类驯化了动物和植物，开垦了土地，掌握了耕作技术，有了固定的居处，漂泊的生活变得稳定。但人们的观念和行为同时也因为这种固定的生活方式变得狭隘和保守，猎取的食品种类单调了许多，营养的丰富程度远不如从前。从这点分析，不是人类驯化了牛羊和野草，而是它们驯化了人类。这是人类永远回不去的事实。

根据考古资料和文献记载，我们梳理一下商人的饮食生活，看看在甲骨文字里又有先民怎样的饮食记忆。

"五谷"为商代粮食的主要作物：粟、黍、稻、麦、菽。石磨尚未普遍应用，所以"米而不粉"是商人的生活常态。熟食呈颗粒状，故称"粒食"。粟脱壳后为小米，秫为粟中上品，甲骨文中的禾、年、稷指代的都是粟。黍去皮后为黄米。稻又分为：秔、稌。麦分为大麦和小麦。甲骨文还专为收割而未及捆扎的农作物，即"禾之铺而未束者"，造一专字穧（jì），字形⿳。商代的国家粮仓叫"矩桥"。骨样品检测发现，偃师人以粟、黍为主食，殷商人以稻米、小麦为主食。

肉食类食材包括驯养的"六畜"和捕获的"野味"。野味中兕⿳（犀牛）、鹿⿳、熊⿳（狗熊）、狼⿳（从犬良声）、狈⿳（从犬贝声）、狐⿳（从犬亡声）、虎⿳，以及贝、鱼等水产品，多在甲骨文中出现。捕猎的方法包括车攻、犬逐、矢射、陷阱、布网、焚山。肉食类食材随捕随用，称为"鲜食"。高级贵族多食用大型动物，低级贵族和平民多食用小型动物，食鱼、兔、贝较多者，社会地位普遍低下。

文献记载的蔬菜和瓜果品种很多，甲骨文字常见：杏⿳、李⿳、梅（某）⿳（周早金文字形，本义：酸果）、栗⿳（树上长满带刺的果实）。

调料主要有咸味、酸味、甜味、麻味。咸味来自池盐和海盐。酸味以梅调制，又可以去腥味。商王武丁曾说："若作和羹，尔惟盐梅。"商代是否有醋，很难说，确知者出现于东周。有人说酒未酿好即是醋，商代尚无

麦

菽

实物证据。甜味来自蜂蜜。麻味来自花椒，不过尚未发现商人以花椒调味的直接证据，当时主要作为增香、驱虫、辟邪的敛尸之物。所有商人味蕾中均未得到开发的领域是辣味。辣椒直到明代才从中南美洲热带地区通过航运传入中国。商人是否饮茶至今没有确切答案，但有两条信息值得关注。在浙江余姚发现新石器时代人工种植的山茶属木材，引起人们对种茶、饮茶历史的猜想。另一条信息是，在汉景帝阳陵藏坑的粮堆中检测出的茶叶成分，被视为目前发现的年代最早的茶叶遗存，同时被吉尼斯纪录认定为世界上最早的茶叶。唐代以前是没有"茶"字的，甲骨文字中的"荼"，本指一种苦菜，被视为"茶"之古字。另外，商代也未发现直接饮用牛乳和羊乳的证据，实际饮用是符合情理的。

　　咸、酸、甜、麻四字中，甲骨文只有咸，从口、从戌，本义：杀声。为"喊"的本字，通"感""减""缄"。在商代是否转借为咸味的咸，不敢肯定。表示盐的味道的"鹹"字，大约出现于春秋，简化为"咸"。甲骨文无盐字，只有与盐有关的卤（卤），会意盐罐或盐池中有盐，本义：盐碱地。

　　荼，从艸、从止、余声。止指代植物根系。本义：苦菜。

　　商人的烹饪之法：烤炙、烹煮、焖蒸。烤就是将食物直接架在火上烧，炙是将食物放在石板上用火烧。烹煮是商人做稠粥和羹汤时使用的方法。焖蒸是商代颇为流行的最具中国特色的烹饪方法。

甲骨文字庶 ▨，以火烧石。有专家解释其本义为"煮"，本书以为解释为"炙"更合理。甲骨文字享 ▨，宗庙形状，暗含祭献上供之意。"享"与"烹"通用。古代通字约为今之别字，字不敷用时，常借形、音相近者用，久而久之，约定俗成，以致互通。煮，器皿中盛着肉和汤，还有一把勺子，刘兴隆释为煮 ▨。烝（蒸）▨，双手捧食器，器中盛着米，会意蒸食。

商人的主要食器：鬳（甗）▨（古蒸锅，中间有箅子）、鼎 ▨、鬲 ▨、簋 ▨（像以手掌勺向食器中取食）、罍 ▨（从皿雷声，酒器，亦盛食）。也有筷子和调羹，吃肉食和蔬菜时使用，多数情况下为"手抓饭"。商代调羹和今天的勺子形状相似，在甲骨文是以"匕"表示，汉代以后改用"匙"。

商人很有卫生意识，注意食物、炊具、餐具的清洗洁净。喝粥时可以不洗手，"手抓饭"时必须洗手。我们用惯了筷子，对"手抓饭"存在某种偏见。"手抓饭"的好处在于提前感知"粒食"的温度而不至于将嘴烫伤，以便在适温下享受美味，同时省却了清洗筷子的麻烦。印度人以右手抓饭，认为右手可以通神，左手是用来清理不洁之物的，非常忌讳左手取食。我们尚不知商代人用手抓饭时有没有这个讲究。

商代的平民和奴隶一日两餐。"大食"为早餐，上午9点左右；"小食"为晚餐，下午4点左右。只有王公贵族才会加"夜宵"，等级差异立现。商人没有桌几、椅子，席地而坐是他们的生活习俗，所谓"席地"就是坐在地上铺的席子上。有趣的是，3000多年前的商人平均身高1.7米左右，晚商人平均寿命30岁。

商朝是人的自我意识萌芽的时代，他们摒弃了夏人清淡无味的生活习惯，注重感观体验，尤其对美食味觉舒适感的追求不遗余力。但同时又强调饮食的"节"与"和"。所谓节，即饮食有度、适量，不可贪图。提倡无饱、无厚（味）、无烈（味）。所谓和，指五味、五色的调和、和谐。

交领右衽 上衣下裳

商人的衣着打扮今天已无法看到实物，研究者根据文献资料和考古发现中残存的信息加以还原。商人的装扮，简言之，上衣下裳，腰束一带。上衣交领右衽，下裳即是短裙。原来商代男女平日里都穿短裙！商人好像没有穿底裤的习惯，在正规场合不敢随意弯腰，尤其跪坐时必须保持双膝并拢，怕的是走光露怯。一旦双腿伸开坐地，那叫"箕踞"，被视为大不敬。贵族衣着质地华贵，往往裘皮丝帛，配以花纹图案，而平民奴隶只有葛麻粗布，甚或赤身露体，腰束一带以遮羞。冠饰在商代已成时尚，不过多是贵族们的风景。冠饰包括冕、弁、冠卷、頍（kuǐ）、巾帻、冑。发型是多变的，常佩以手镯项饰。商人已逐渐摆脱光脚走路习惯，贵族们穿翘尖鞋，中下层穿素面鞋，平民奴隶们穿粗履草鞋。

这些信息在甲骨文字里都有体现。

关于商人上衣的样子，甲骨文中有一系列与"衣"有关的文字，清晰无误地回答了这个问题。

衣 ，自上而下，衣领、衣袖、下摆，清晰可见，一副"交领右衽"的样子。

初 ，从衣、从刀，用刀裁剪上衣。用刀裁布是制衣之始，故"初"

引申为开端。

乍（作）[图]，手持针线缝制衣襟，针脚清晰可见。作名词为"乍"：领襟（衣服胸前部分），作动词为"作"：制作。

依（庇）[图]，从人、从衣，人在衣中。衣可蔽体，亦可保暖。作"依"时，表示依靠、挨着。作"庇"时，表示庇护。

袁[图]，从手、从衣，衣上之"圆口"，在此表声，合体表示单手或双手拽衣，本义：穿衣。衣服被拽会变长，引申：长衣。

远[图]，从彳（道路）、从袁声，会意兼形声字，穿好衣服去远行，本义：路途遥远。

卒[图]，有纹饰的上衣，那是小兵所穿的衣服。

裘[图]，皮衣毛朝外，本义：裘皮。皮[图]，像以手撕揭动物之皮。本义：揭皮。革[图]，像被剖剥下来的完整的动物皮。本义：皮革。

褮（yīng）[图]，两火在衣上，代表巫师所穿的衣服，称作巫衣、鬼衣。

此外，商人腰间所束的"带"，头上所戴的"冕"，

脚下所穿的"履"，头上所插的"妍"，腕上所戴的"串"，项上所佩的"婴""佩"，胸前所挂的"黄"（寅），甲骨文字都交代得很清楚。

带 ⚇，一条编织好的带子，上下打着结，留着须子。本义：腰带。古衣偏襟无扣，多以腰带束缚。

冕（免）⚇ ⚇（见《甲骨文合集》006542 和 033069），像侧身站立或跪坐的人，头上戴着帽子。本义：戴帽子。冕，大夫以上冠也，当官人的装扮。

弁（biàn）⚇，像双手戴帽形。古代男子的冠，分为皮弁和爵弁。皮弁为武官帽，前高后卑。爵弁为家臣贱奴帽，前卑后高。⚇ 又被释为"共"，取双手供奉之义。

巾帻，即裹头，一幅之巾裹在头上。巾 ⚇，布巾的象形。

胄 ⚇，其形下为帽子，上为"由"字，"由"本指油灯，此指铠甲。胄为战斗时护首之冠，亦称兜鍪(móu)，俗称头盔，有皮质和青铜质之分。

妍 ⚇，女子发髻上笄插簪，本义：巧慧。引申：美丽。贵族女子15岁时举行笄礼，束发加簪，表示成人，可以婚嫁。商代男子的发式以梳辫为主，形式多样。

串（商代金文字形）⚇，本义：手饰。材料以骨、珠、贝、壳、玉为多。商代人无论贵族、平民、男女都很偏重上体的装饰。

婴 [字形]，从女、从手、从朋（玉串），会意：用手将玉串挂在脖子上。本义：项饰。

佣 [字形]，像人挂玉形，本义：项饰。

黄 [字形]，像正面站立的人胸前挂玉。本义：佩玉。与"寅"同形异字。

履 [字形]，一侧身站立的人，脚下有一条斜线，表示所穿的鞋（践踏），一般指单底鞋。双底鞋叫舄（xì）[字形]（西周金文字形），底部加一防潮湿的木屐，多为帝王大臣穿用。商代似乎已出现了袜子。

夏商周三代分别尚黑、尚白、尚红。在商人心目中，白色代表着高贵、高雅、纯洁、端庄、吉祥，所以他们对于庄重的事物都会选择白色。比如，祭祀时穿白衣表示对祖先的敬重，用白陶显示高贵，用白甲骨占卜以为会更灵验，用白旗会增强战士必胜的信心，就连祭祀时所用的牺牲也要选择白色，猎物最好是白色，安葬死者时在坟墓上栽种柏树（"柏"与"白"古音相同），汤灭夏立商后还把朝会时辰改在白天举行。商人尚白，也是为纪念他们的先祖白帝少暭（昊）。神话传说中，少昊母亲与太白之精（白帝之子）有过一段浪漫的桑中之约，生下少昊，少昊后来继承了父亲的西方神位，成为西方之神：白帝少昊。3000多年过去了，今人举办丧事依然沿用白衣、白事、柏树这样的传统。

商人尚白并不影响他们对其他颜色的欣赏和使用，只是他们对白色有着特殊的感情和信仰而已。

附：甲骨文之"丝"

商人本是东夷族的一支，他们长期生活在离海较近的地方，最懂得海侵、海退是怎么一回事，最懂得沧海之后必有桑田，而桑叶是蚕宝宝的最爱。甲骨文中的蜀、糸（幺）、丝、叀、帛，就是3000多年前商人养蚕、缫丝、织帛生活的真实写照。甲骨文中尚未发现平民、奴隶使用的葛、麻、布的字样。文字是男人们的"游戏"，同样也是贵族们的"特权"。

一切从养蚕说起。

蜀，像一条长着大眼睛的蠕动如蚕的虫子。本义：野蚕。这里有两条重要信息。一是古蜀国有位国王叫蚕丛，是位养蚕专家，被后世尊为蚕神，揭示了"蜀"与"蚕"的关系。二是沧海桑田，这个成语常被用来表示世事巨变。"沧海"为什么会变成"桑田"而不是其他什么田？原来环境经历了巨大的海侵海退事件后，沿海大片土地变成了盐碱地，这样的土壤条件很适合桑树和豆类生长，所以沧海变成了桑田。东夷族因此很早就掌握了养蚕、缫丝技术。

糸（幺）,一束缠绕好的蚕丝,端处打结留绪。本义:蚕丝。作"幺"时,表达细微、弱小事物。

丝（兹）,两束蚕丝形象。由蚕丝生发的甲骨文字非常多,可见它在东夷族生活中的分量。缫丝需要纺砖,缫丝技术需要传承（传,像一人背着纺砖,后有一手相托,隐含托付之意。本义:传递）。有丝才能织出帛（从巾、白声,丝织品总称）。相传轩辕黄帝的元妃嫘祖是教民植桑养蚕、缫丝制衣的伟大祖先。

系,用手将两三束丝系在一起。本义:打结。

幼,从幺（力）、从幺（糸）,会意兼形声字。力气小如细丝弱缕,本义:微小。

幽,从丝、从火,会意丝缕微眇,照着火光才可看见。本义:黝黑。

樂（yuè）,木架上绷着丝弦,指琴瑟一类拨弦乐器。

弦,从弓、从糸。会意:弓箭的丝弦（弓弦）。

孙,从子（小儿）、从糸。会意:子如丝缕连续不断,子生子为孙,子之子再生子为曾孙,子子孙孙无穷尽也。

继（绝）。作"继"讲时,意为用三根线将两束丝连接在一起。本义:连接。作"绝"讲时,意为两束

细丝上留下三道被刀割的痕迹。本义：断绝。

湿（滋）〖字形〗，从水、从绝。会意：水渗湿了束丝，留下道道水印，好像被刀切割过的样子。本义：湿丝。作"滋"时，从水、从丝。会意：水浸透了束丝，或者说束丝噙满了水。本义：水溢。引申为滋长。

绍〖字形〗，貌似以刀割丝，实为以刀来整治细丝，使其紧密相连。

紊〖字形〗，从糸、从文。文指文身、花纹，隐含紊乱之意。两形相合，为会意兼形声字。本义：乱。

编〖字形〗，以丝绳编织竹册。本义：编册，编辑。

绿〖字形〗，从系、从录（辘辘），形声字。表示丝的颜色是绿色的。本义：绿色。

纣〖字形〗，以手制丝。本义：制丝。字形与"专"有别。引申为驾车时拴在驾辕牲口尾部横杆上的皮带。《谥法》："残义损善曰纣。"可见"纣"义又有引申。周人蔑称商末王帝辛为"商纣王"，纣在此取暴虐无道之义。这涉及帝辛个人的行为和统治风格，也包括后世对他的负面看法。

甲骨之『色』

颜色本是很抽象的概念，并不容易用文字表达。上古先民的智慧在于，借助具有相同颜色的物体，巧妙加以转化和运用，轻松解决了这个问题，这体现了先民们对于自然界和现实生活的细致观察、感知和理解能力。

从目前已释的甲骨文字中，可以搜罗出如下关于颜色之字：黑、幽、玄、白、赤、丹、朱、青、黄、绿。

黑，甲骨文字形 ▲。从火（炎）、从囱（烟道）。会意：升腾的火焰从烟道涌出，将烟道熏黑。假借为黑色。引申：黑暗、秘密、隐蔽。

幽，甲骨文字形 ▲。从丝 ▲（两束丝相并之形）、从火 ▲。会意：细丝从火苗上掠过，将细丝上的绒毛烧掉，此为古时缫丝工艺。因这种火苗很小，训为"光线幽暗"。本义：幽暗。甲骨文借微火之色表示物体的色度。或可理解为束丝细微用火光才能照见，因为束丝在微光下的色度是黑的，故假借为黑色。"幽"为"黝"的本字。

玄，甲骨文字形 🌀，为"幺"（yāo）的分化字。"幺"像束丝之形。本义：微小。引申：物体的色度：赤黑色。因这种黑色并不纯正，故引申：模糊、隐晦、幽远、奥妙。

白，甲骨文字形 ⬭。常见两种解释。一、米粒。米粒的色度是白的，假借为白。二、大拇指。大拇指上的半月牙色度是白的，假借为白。引申：纯洁、明亮。

赤，甲骨文字形 🔥。从大、从火。本义：大火。熊熊大火的色度是红色的，借为火红色。引申：光着、空着、裸露，一无所有。

丹，甲骨文字形 ⊟。有两种解释，一、赤色石。二、竹筒里盛放着朱砂（一点代表朱砂），朱砂的色度是红色的，故假借为红色。

朱，甲骨文字形 ☫。从木，中间加一点（或一横），一点指示树干之所在。本义：根部裸露的树木。为"株"的本字，所谓"在土上者曰株"。另释：赤心木，即树心的颜色是红色的。假借为大红色。孔颖达疏："色浅曰赤，色深曰朱。"

青，甲骨文字形 ⊟。从丹（石头）、从生声（幼草）。幼草的色度为发绿的蓝色，或发蓝的绿色，蓝绿之间者

为青色。本义：青色石。假借：青色。

黄，甲骨文字形 ![]。有两种常见表述。一、像一个完整的"璜"形，中间的口（田）代表玉，玉上为挂线，玉下为两个丝头。二、像一正面站立的人，胸前佩着一块玉。本义：人佩玉。借"璜"为"黄"，表示黄色。

绿，甲骨文字形 ![]。从系、录声。本义：绿色。细丝的形状很像草叶和树叶，草叶和树叶盛时的颜色为绿色，古时谓之青黄色，即蓝颜料和黄颜料配合时的色调。

有趣的是，在甲骨刻辞中，商人对"马"的颜色有着清晰的划分和描述。比如骍(xīng) ![]，赤黄色的马（牛羊）。驳（bó） ![]，毛色不纯的马。骊（lí） ![]，纯黑色的马。騽（xí） ![]，黄脊梁的黑马。

上述甲骨文中的10个颜色之字，核心在于一个"色"字。甲骨文"色"，字形 ![]。从刀、从卩（侧身跪坐的人）。会意：人面对刀时脸上所表露出来的气色。这种气色是紧张和恐惧心理的外化，脸色铁青，面如土色。本义：颜色。

综上所述，我们不难看出，虽然古人对于色彩的认知还相对初级，但传统色彩中的"五正色"：青、红、黄、白、黑均含其中。春秋以降，古人逐渐将色彩与五行、方位的概念联系在一起，并赋予哲学含义，体现了古人对自然和宇宙的理解，对和谐共生的追求。

在五行学说中，东方属木，对应青色，代表生命力量。南方属火，对应红色，象征激情活力。中央属土，对应黄色，代表稳定承载。西方属金，对应白色，象征素洁高雅。北方属水，对应黑色，代表稳重庄严。

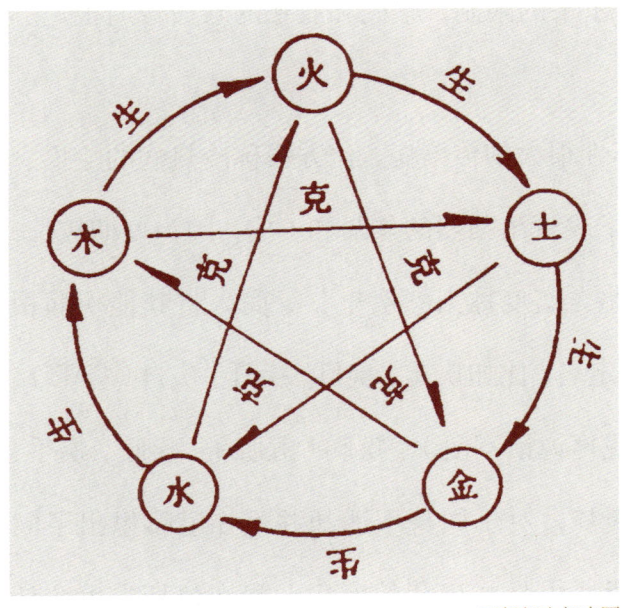

五行相生相克图

巫医万象

殷商人平均寿命为30岁。商王武丁在位59年，世寿约70岁，这在3000多年前的商代，是不折不扣的"大寿星"。在那个阶级等级差别巨大的社会，受生活条件和医疗水平的限制，平民和奴隶的寿命普遍很短。

一、商朝的疾病与防治

商人对不定期暴发的破坏性很大的传染病，比方俗称冷热病的疟疾、因气候失调造成的流感（参），表现出强烈的焦躁和不安。因为疫期较长，极易引发社会动荡，商人将此类瘟疫称为"疾年"。商人将其他疾病根据病理感觉、病灶和病发部位定名。比如疾首、疾目、疾耳、疾自（鼻子）、疾口、疾齿、疾舌、疾言（喉咙疼说话不便）、疾胸（五脏）、疾腹、疾手、疾肘、疾止（趾）、疾骨、疾梦，对于周身不适却并不知道哪里出了问题的疾病，称为"疾人"。殷墟甲骨文记载的疾病，据宋镇豪先生统计有50种之多。

古人对于客观世界的认识贫乏，大多数面对疾病和死亡无所适从，普遍认为是祖先神灵在作祟降灾，警示人间，同时也会采取力所能及的防治措施。商人的治病之策向来是信仰与理性、精神与物质、巫术与医道的结合，"巫医"在那个时代大行其道。传说商王太戊身边的贤臣巫咸有个儿子叫巫贤，充当上帝和下帝（商王）之间沟通的媒介，以巫接神事，商朝巫事自他而兴。春秋人撰写的《世本》记载："巫贤作医。"这是商代巫师作为医生治病最直接的文献资料。商朝设有专门的医官叫"小疾臣"。

"医病"必先祭祀，讨好、祝告祖先神灵。御祭、告祭、福祭、侑祭是常用的祭祀方式。

面对大规模瘟疫，商王朝会动用国家力量加以防治。比如以雄黄酒喷洒居室四壁、用蜃炭（石灰）涂抹室屋墙壁、洒扫蒸衣、嘉草（艾草、莽草、樟叶）熏燎，以此弭息疫情蔓延。商人将这些防疫措施归于"水寝"和"寇寝"。同时对民众采取隔离措施，提醒民众："亡人，疾"，即不得轻易进入疾疫场所，否则会招致扩大传染之祸。要求民众"亡口""罔有逸言""度（杜）乃口"，意思是说不要听信谣言，摇唇鼓舌，传播谣言，以免引发社会事端。商人"立巫医，具百药"，以备疾灾，说明殷商时期人们对很多物质的药性已非常了解，他们从日积月累的生活中取得医疗经验，散积久演，形成社会风俗。

二、商人治病分为"内治"和"外治"

"内治"包括食疗和药疗。神农尝百草毕竟是遥远的传说。浙江萧山跨湖桥遗址考古发现了 8000 年前的药物单方和中药罐，证实了药物医疗与防疫在商代之前已然存在。商代晚期河北台西村遗址出土的药用桃仁和郁李仁，证明了汤药在商代的实际应用。商人尚酒，常借酒力（取其药物功能）治病。如何评判疗效，商王武丁给出自己的经验："若药，不瞑眩，厥疾不瘳。"瘳（chōu），即病愈。是说服药之后，若是没有头晕目眩的反应，则疾病不能除。可见良药苦口必须保持一定的猛烈度。

商人"外治"的方法很多。比如针刺、砭石、按摩、艾灸、吮吸（拔火罐），甚至拔牙、助产（娩）、接骨复位。砭石是拱背凹刃、尖端圆钝、形似镰刀、以刺痛肿的石器，又称石砭镰，是中国最古老的医疗用具。真正惊掉下巴的是商代人所做的"开颅手术"，殷墟考古已发现两个成功案例。一例针对成年男性，一例针对年龄不足10岁的孩童。在那个医学并不发达的时代，如此高难度的手术如何施展？今人有太多疑惑，居然成功了！

商人注重个人保健。比如饭（粒食）前洗手、沐浴洁身、强健体魄，倡导良好的饮食习惯，警示"禽酒在疾"（无节制地饮酒会导致疾病），等等。

商代的病患和医疗信息不仅记录在古典文献里，也留在了300多片甲骨的印痕中。

医，盛箭（矢）于器物中，本义：盛箭之器。这里的箭指代除箭之外的刀、凿、针、镰等一系列既是战争的又是生活的医疗器具，功能并不单一，医药医疗之义自在其中。

疾，从人，从矢。会意：腋下中箭。本义：兵器所致伤病，

属于外伤，容易医治。引申为速度快。

疒（nè）[字形]，像一人卧在床榻上津津出虚汗，取意患者病态。"疒"为"病"之本字。天干中的"丙"对应五行中的"火"，"火"指人上火发烧。"疒"下加"丙"为"病"，可见"病"为内伤，与"疾"相较，程度深重。

疫[字形]，一人躺在床上，身下或出着虚汗，有人手持棒槌击打他的腹部，以示有病痛。或可理解为一人手拿砭石为患者做按摩治疗。本义：瘟疫。疫者，役也，言有鬼神驱使，降灾祸民。

殷[字形]，一人腹部有疾，一人持针刺疗，有疾而疗，应时而效（商人经验）。本义：针刺治疗。疑为隐痛之"隐"的初文，假借为作乐之盛。商代有艾木灸疗专字：[字形]。一人躺在床上，腹部放置草木，会意：热敷治疗。商代亦有按摩专字：[字形]，揉肚子。只是尚不清楚这两个分别对应的现代汉字。盘庚迁都于安阳，先前所建的洹北商城，50年后被一场大火烧掉，而后在洹水之南营建新城，以小屯村为中心。此地商后期叫北蒙，又称殷。商朝灭亡后，土地荒芜，渐成废墟，史称"殷墟"。

—101—

虐，老虎张口吃人。预示疟疾（冷热病）对人类生命的威胁程度之大。虐的另一解释为雌虎。

疹（zhěn）（殷商金文字形），患者虚热多汗，表明疹热病（流感）的基本特征。

寇，像一人手持器械闯进屋里挥舞，欲闹出动静。严一萍解释，以殳殴驱虫虺（huǐ）于室内。本义：入侵、侵犯（对于虫虺病魔而言就是一种侵犯）。

寝，室内一把笤帚或一张床。古人睡觉前，先要把床铺居室打扫一遍，这是殷人固有的卫生保健习俗。

龋，虫咬牙齿。本义：蛀牙。商人长期"粒食"，口腔发病率较高。其中，牙周病以男性居多，龋病以女性居多。

蛊，皿中有虫。本义：腹中寄生虫。

痀，从疒、句（gōu）声。指脊椎患病而弯曲。本义：佝偻症。

寤（wù），像一人在床上呼呼大睡，"寐觉而有言"，既打呼噜又说梦话，明明睡着了又像醒着，这是身体虚弱的表现，在甲骨文中被称为"疾有梦"。字形中的"口"代表梦话，"五"标声，会意字变为形声字。

巫，举行祭祀活动时，巫师手中所持的法器，以此沟通人与神。

祝，一位老兄虔诚地侧跪于祭台前，或做着某种手势，口中

巫

念念有词，祈祷上苍鬼神赐福平安。本义：祝愿、祷告。亦指主持祭祀的人。"祝""咒"二字相通。

御 [字形]，一侧跪之人手持鞭子或绳索在祭台前，举行驱除病患的巫术活动，或有边走边抽的动作。有时商王亲自充当主祭人，所谓御祭。引申：驾驭。

告 [字形]，此形上为"牛头"，下为"口"。本义：牛叫。引申：把话说给别人听，告诉。

寮（燎）[字形]，木在火上，烧木祭天，火星四溅，火焰升腾。谓之燎祭。

侑，在甲骨文中借右 [字形]、借有 [字形]（构形不明）为之，同音相借。本义：劝食、助食。侑祭，以劝食的方式讨好祖先神灵。

盥 [字形]，手下一盘（皿），会意：以手承水冲洗，下水流于盘中。本义：洗手。

洗 [字形]，人将脚放在水中，有水滴溅起。本义：洗脚。

沐 [字形]，从水、从木，会意兼形声字。像给树木浇水。本义：洗头。

浴 [字形]，一人站在浴缸中或躺在浴缸里，洗去身垢。本义：洗澡。

沫（huì）[图]，一人侧跪于器皿前，双手撩水洗脸。本义：洗脸。

洒（sǎ）[图]，从水、西（鸟巢）声。本义：将水散开落地，起降尘作用。先洒后扫，谓之洒扫。读（xǐ）时，古同"洗"，洗涤之意。

扫（掃）[图]，商代金文字形[图]。手持笤帚，或一手持笤帚一手持簸箕。本义：用笤帚除去污秽。

文字里的「音乐」

弓箭的确是人类天才的发明。大约在万年前,弓箭几乎同时出现在欧洲和遥远的东方。有了弓箭,早期智人即可远距离射杀猎物,尤其像最后斑鬣狗这样凶猛无比的人类宿敌。北京周口店山顶洞里残留的人头骨碎屑,就是斑鬣狗吃人的证据,它们最爱吃人类的大脑,尤其是小孩。但是当它们面对弓箭的时候,只有死亡。与弓箭协同作战的还有标枪。射箭所发出的声音对于弦乐器的发明有着直接而生动的启示作用。

面对凶猛的野兽或飞鸟,早期智人的捕获率很低并且充满危险,于是他们用芦苇或竹片,吹出野兽鸟儿的叫声引诱它们驻足或进入埋伏圈,守候在那里的智人开始以弓箭伺候,扔出他们手中的"石流星",给它们致命一击。有两个甲骨文字留下了"石流星"的痕迹。一个是"弋",像系有绳子的短箭,箭头带倒钩,投射,捕获。一个是"弟",拴绳的箭。

当一群智人捕获到大型猎物,还有足够多的飞禽的时候,他们就会在空旷的河畔或幽深的山谷,就着落日的余晖,击石而歌,执羽而舞,欢庆他们的丰收,表达他们喜悦的心情。《礼记·乐记》中对于音乐起源的描述十分精当:"凡音之起,由人心生也。人心之动,物使之然也。

感于物而动，故形于声。声相应，故生变，变成方，谓之音。比而乐之，及干戚羽旄。谓之乐。"

人类的音乐就是这样起源的。当女性在家采集、理家、制作陶器并在上面绘制鱼蛙图案的时候，男人们在野外狩猎时间或制作了乐器。乐器的创造和发展是一个复杂且长期的社会和文化现象，来自多个社会群体和个人的"集体智慧"，传说中的造器者多半荒远无据。

智人的智慧在于预设、统筹和想象，可以谋划一个未曾发生过的事件和不曾有过的事物。他们就这样将狩猎工具转化为愉悦身心的音乐器材。是的，弓弦弹射时发出的低沉的嗡嗡声，他们听到了。石球的空腔在飞行中与空气摩擦发出的呜呜的声音，他们听到了。他们情不自禁击石时发出的嗒嗒声音，他们听到了。这些声音无不与他们的生存和希望紧密相连。听到这样的声音，他们就听到了成功，感到了喜悦。他们希望这样的声音天天在耳畔响起，因为这样的声音记录着他们的捕猎生活，预示着他们的成功。

甲骨文字虽然只是成熟文字遗存的一部分，但对于远古的音乐却有着充分且真切的记录。通过这些文字，我们至少可以"还原"部分远古先民们真实的生活状况和他们朴素的情感世界。《礼记·郊特牲》给予描述和总结："殷人尚声，臭味未成，涤荡其声，乐三阕，然后出迎牲。"

甲骨文中记录的商代乐器20多种，祭歌10多首。代表性乐器有打击乐器：鼓、磬、南、缶、钲、庸（镛）；吹管乐器：龠、龢、言、竽、笛、埙；弹拨乐器：瑟、樂。

鼓，甲骨文字形 ，商代金文字形 。从壴 、从攴 ，像以手持锤击鼓之形。

壴（zhù），甲骨文字形 ，金文字形 。像鼓上有饰物，鼓下有基座，为"鼓"之本字。"壴"与"豈"皆为装饰美化过的鼓，形义皆近。"豈"同"凯"，胜利时所奏的振师之乐。

鼓按材质、大小、用途又可分为土鼓、铜鼓、鼍（tuó）鼓、鼗（táo）鼓、鼙（pí）鼓。

击鼓用槌。甲骨文字形：枹 、椎 。从木、从𠂤(duī) ，或从隹 ，形声字。击鼓不言"击"而谓"震"，击鼓如震荡犁铧。"震"的甲骨文字形 ，从辰、从止、从点（土屑）。会意：脚踩犁铧（耕田），震出土屑。击鼓所发出的声音为"彭"，甲骨文字形 ，从壴、从彡。"彡"示鼓发出的声波。

磬，甲骨文字形 。像手持锤击打一悬挂着的乐石形。

南，甲骨文字形 。倒悬之钟镈类乐器。

殸（què），甲骨文字形 。像以锤击"钟"，所击乐器为"南"⟨字形⟩。

缶，甲骨文字形⟨字形⟩。瓦器，古人鼓之以节歌。"缶"亦曰"甾"（zī），甾的甲骨文字形⟨字形⟩，构形不明。"甾"古同"淄"。

钲，甲骨文字形⟨字形⟩。铜质，形似钟而狭长，有长柄可执，口向上以物击之而鸣，行军时敲打。"庚"借"钲"形而为之。

庸（镛），甲骨文字形⟨字形⟩。从庚⟨字形⟩、用⟨字形⟩声。本义：奏乐时表示节拍的大钟。单个大钟叫镛，多个大钟叫编钟。

龠，甲骨文字形⟨字形⟩⟨字形⟩。排箫类编管乐器，双口或三口。⟨字形⟩本义是锥形器盖，此引申为聚集。甲骨文吹⟨字形⟩，像一侧跪之人张口向器物中吹气。

龢，甲骨文字形⟨字形⟩，从龠⟨字形⟩、禾⟨字形⟩声。排箫类乐器，小笙前身。龢简写为和。

言，甲骨文字形⟨字形⟩。以口吹箫，本义：大箫。

竽，甲骨文字形⟨字形⟩。从竹、于声。本义：古簧管乐器。形似笙而略大。春秋金文字形⟨字形⟩。

甲骨文尚未发现"笛""埙"二字。笛在8000多年前的贾湖遗址已有出土。埙的历史更为悠久。埙之为器，

立秋之音，万物成熟，又近黄昏，让人喜悦又忧伤。

瑟，甲骨文字形 ✦。上部像有弦有柱的拨弦乐器，下部像支架。其声如流水、如凤鸣、如南风，尽皆大自然的芬芳。甲骨文无琴字。古文琴 ✦，上部像有弦有柱的拨弦乐器，下部为"金"，此标声。琴瑟器形相似，故有"琴瑟友之"一说。

樂（乐）（yuè），甲骨文字形 ✦。木质的乐器支架，张丝弦于其上，像"琴"又像"瑟"。西周金文字形 ✦，在丝弦间加一"白"字，成为"樂"字隶定的依据。其中之"白"，一解，以白（bó）标音，使"樂"变成形声字。二解，白象拨弦的"拨子"。三解，白中的一横代表烛光，外围轮廓代表光晕，借"白"会意乐声如光晕般柔和散播。有弹拨类乐器，必有丝 ✦、弦 ✦ 的存在。有美妙的音乐，就会有声 ✦、音 ✦、听 ✦、闻 ✦ 的存在。

原始音乐进入阶级社会以后，悄然打上了时代烙印，成为统治者的御用工具。商朝音乐惯常使用于两大场合：一是用于祭祀求雨，谓之"巫乐"。二是专供王室贵族享乐，靡靡之音，谓之"淫乐"。

"巫乐"由巫师主持占卜祭祀仪式。巫师亲自演唱、舞蹈或领舞。舞者常常头插鸟羽、手持牛尾，按照一定的程序盘旋起舞，为的是沟通人神，取悦于神。商人祭祀的神主要有：超自然神上帝、自然神山川河岳、高祖先王先妣。巫师一般为男性，只有求雨时才会让女巫登场。女巫求雨往往冒很大风险，一旦求雨失败，将会被"暴巫"甚或"焚巫"。"暴巫"就是在烈日下暴晒，"焚巫"就是作为牺牲献祭。

宫廷里的"淫乐"有专门的制作者，也有以乐舞供奴隶主享乐消遣的专业歌舞者，所谓"女乐"。她们的身份是奴隶，她们会为商王贵族殉葬，这就是她们的命运。

音乐文化，从一开始就是歌、乐、舞三位一体的，商代涌出第一个高峰。商人舞蹈，追求"以钜为美，以众为观"，崇尚乐器众多、声音洪亮、观者如潮的盛大场面。巫师掌管占卜祭祀，以乐舞娱神是他们的职责，凡"巫"必"舞"，"巫"者"舞"也。

巫，甲骨文字形 ✠，巫师行法术时所用的器物（法器），用于沟通天地四方，也指行法术的人。

舞，甲骨文字形 ，像一人执物而舞。舞或从雨，其形 ，求雨而舞之义更显。西周早期金文增加"舛"，其形 ，突出两足。小篆分作"無""舞"二字。舞蹈时手执之物，或牛尾，或羽毛，或兵器，或火炉，唯独持火炉而舞者，腋下光明，被释为"爽"，其形 。若执兵器，特指团体实兵演练，商人称团队舞钺

为"万",团队成员为"多万",对抗演练中刺杀人牲为"万舞"。

古人听之于音乐,视之于舞蹈,以目而"视"之字不少。比如视、盯、直、省、望、看。

视,甲骨文字形 🧿。侧身站立之人,突出其目。裘锡圭释为"视"。西周早期金文《何尊》铭文中出现了形声字"睍",字形 🧿。示旁之"视",字形 视,最早见于战国秦。本义:察看。

直,甲骨文字形 🧿。眼睛直视前方,向前看不斜视。

省,甲骨文字形 🧿。从生省、从目。本义:省察、巡视。

望,甲骨文字形 🧿。一人站在土堆上举目远望。

音乐娱人。从甲骨文字里可见一斑。

音,其形 🧿。从"舌"含"一","一"指事发端于舌尖上的声音。"音"从口出,或成音乐,或为语言。可见,"音""言"难分,甲骨文中两字同形。音者,隐也,心声也,察言而知音,故有"知音"。

樂(乐)(yuè),令人喜悦欢乐,所以,乐(yuè)者乐(lè)也。乐(yuè)常与"弦"相伴,故有断弦、续弦、心弦的联想。"藥"(药)为药草中的"心弦"。可见,音乐不仅使人愉悦、快乐、亲敬、和顺,还有疗心之功效。

商代人的"表情包"

"表情包"作为一种图形化、视觉化和符号化的表现形式，改变了现代人的沟通方式。虽然它从诞生至今不过短短40年，人类却为此迸发出非凡的制造和应用热情。"表情包"以其信息含量高、沟通高效、表达丰富和节省时间的特点，风靡当今世界。

如果，我们把这些"表情包"带回商代摆在商人面前请先民们欣赏，他们会作何感想？商人或许会抿嘴一笑，告诉你，甲骨文字里的"表情包"比比皆是，以后世所归纳的象形字、会意字，包括部分会意兼形声字，个个都是"表情包"。与现代人动感组合式的"表情包"，比如"白富美""上天""大家好""恭喜"等相比，甲骨文字的"抒情性"与生俱来，且自成体系，字字珠玑，其表情达意的方式更加形象、直接、简约、朴素和生动，3000年后的我们同样可以"望形生义"，还原先民们真实的生活场景和精神追求，并由此生发出诸多新意。商人还会告诉你，这些"表情包"并非他们的独创，其中融汇了千万年来先民们的集体智慧，其源头可以追溯到新旧石器交替时代的壁画和岩画上，它们记录了人类观察和认知自然、尝试理解和表达周围世界的强烈愿望，是人类艺术的早期形态。在漫长的岁月里，先民们继续远取诸物、近取诸身，单体为文、合体为字，创造出属于中华民族特有的形、音、义兼备的"方块字"，成为中华文明的重要标志。

本文罗列若干商代人的"情感符号"，与大家分享。

齿，甲骨文字形 ▱，商金文字形 ▱。像人张口露出门牙形。本义：牙齿。现代礼仪规定"笑的最佳尺度"为露出四颗门牙，这与甲骨文字形恰切吻合。再看看金文字形，嘴角上扬，"笑意"满满，更为形象和生动。古代所谓女性"笑不露齿"大概是唐代以后的事。

兑，甲骨文字形 ▱。从人、从口、从八。会意：人咧嘴嬉笑，嘴角现出"八"字形纹理。本义：笑，喜悦。人喜悦时常表现在言语上，故有借义专字说（yuè），继而有改换义符"言"为"心"之"悦"，故"兑"为"悦"之本字。卜辞中"兑"皆用作"锐"——急速、快速之义，故"兑"通"锐"。因《周易》之"兑卦"，引申为交换、兑换，读音为（duì）。

展，甲骨文字形 ▱。会意：将器物展示在平台上。本义：展告、陈述。卜辞中亦用作人名。引申：舒展、陈列、展现。人的心情舒展了，盈盈笑意 ▱ 就会挂在脸上。

喜，甲骨文字形 ▱。从壴、从口。"壴" ▱ 为"鼓"

红陶人头壶，距今6000余年，现藏西安半坡博物馆。

的初文。人听到鼓声就会快乐，欢喜的情绪表现在笑语中，故从"口"。

鼓，甲骨文字形 ⿰。从攴、从壴，壴亦声。本义：击鼓（乐鼓）。

乐，甲骨文字形 ⿰。本义：古琴类乐器。有乐器就会有音乐，有音乐就会有快乐，音乐使人愉悦。

舞，甲骨文字形 ⿰。像人双手执牛尾之类舞具翩翩起舞形。本义：舞蹈。联想素有中国舞蹈"活化石"之称的"傩舞"，足以加深我们对"商人之舞"的理解。古代用舞蹈娱神求雨另有专字 ⿰。"無""舞"本一字。

爽，甲骨文字形 ⿰ ⿰。从大、从二火。像一正面伸臂站立的人腋下各有一盆火。试想，在漆黑的夜晚突然有两团火的存在，眼前必是一片光明。本义：明亮、光明。引申：开朗、舒畅。"爽"亦通"霜"。

㩒，甲骨文字形 ⿰ ⿰。像一人拉着另一人的手，或者大人㩒扶小孩，或者晚辈㩒扶老人，一幅尊老爱幼的温馨画面，充满中华民族传统美德。

扶，甲骨文字形 ⿰。像一人将手扶在物体上。本义：㩒扶。

疑，甲骨文字形 🧍。像一人拄着拐杖在半道上左右张望，一副犹豫不行的样子。本义：迷惑、疑惑。

步，甲骨文字形 🧍。像两只脚一左一右、一前一后向前行走的样子，古人两脚各跨一次叫"步"。本义：行走。或加"彳"表示在道路上行走。引申：徐行、追随。

行，甲骨文字形 🧍。像十字路口形，表示四通八达的道路。本义：道路。

走，甲骨文字形 🧍。像一人甩开膀子大步行走之形，本义：跑。

奔，甲骨文字形 🧍。从㐬（旗帜）、从止（脚趾）。像人扛着旗子疾行。本义：快步跑。西周金文字形 🧍，像一人摆臂快跑，快到什么程度，仿佛他有三只脚一般。

麗（丽），甲骨文字形 🧍。像鹿的双角被装饰的样子。本义：美好、美丽。因鹿有双角故而派生出对偶之意。

望，甲骨文字形 🧍。像一人站在土堆上举目四望的样子，他或寻找，或期盼，或思念，或担忧。西周金文追加意符"月"，表示伫立望月。

临，甲骨文字形 🧍。像一人身临水边，低头俯视的样子。

奔

丽

—115—

乳，甲骨文字形🅐。像一侧身跪坐的妇女双手抱着孩子喂奶之形，胸前一点表示乳头或乳汁，孩子面向母亲张开嘴巴吮吸，活脱脱一幅商代《乳子图》。

好，甲骨文字形🅐。从女、从子。像女子抱着孩子之形，无比美好的感觉。引申：女子美貌。

保，甲骨文字形🅐。像一个人背着孩子之形。此人是保姆，职责是保护。

僕（仆），甲骨文字形🅐。一个有头饰、有尾饰、双手捧箕（盘子）的人的形象。本义：奴仆。其形态酷似今天穿燕尾服的侍者。

闻，甲骨文字形🅐。像一侧身跪坐的人以手附耳谛听。"听"和"闻"，前者表示动作，后者表示结果。

梦，甲骨文字形🅐。像一人躺在床上做梦，梦中甚至有手舞足蹈的动作。本义：做梦。

瞿（jù），甲骨文字形🅐。像一侧身跪坐的人瞪大双眼左右观察，露出惊恐的表情，为"懼"（惧）的本字。商代金文字形🅐，直接用两只大眼睛表示人恐惧的情态。

哭，甲骨文字形🅐。像一竖发站立的人正在号啕大哭。人怎么会有"双口"呢？古人以夸张的手法表示极

度悲伤或愤怒的情绪。

吹，甲骨文字形 ▨。人坐久了就会感到疲倦，昏昏欲睡，忍不住嘘气打哈欠。这很像那些说大话、吹牛皮的人表演的样子。

次，甲骨文字形 ▨ ▨。像一人张嘴流口水之形，表示对美好事物的羡慕。为"涎"之本字。

盗，甲骨文字形 ▨。羡慕别人的好东西（比如器皿），忍不住流出口水，因此心存不善，窃为己有。本义：偷盗。

疒（nè），甲骨文字形 ▨。像一人躺在床上，因疾病浑身冒虚汗。本义：疾病。

"六艺"之初

"六艺"盛于西周，终于秦末。其序幕在夏商之际已徐徐拉开，经历了上千年的铺陈与演化，于西周发扬光大，继而成为儒学理想的教育模式，其教育理念对后世影响深远。

"六艺"指周人开设的六门课程，分别是礼、乐、射、御、书、数。

礼，吉、凶、军、宾、嘉五礼。

乐，指《云门大卷》等六套乐舞。

射，五种射箭的方法和要领。

御，驾驭马拉战车的五种高超技艺和礼仪。

书，指文字、识字和写字，后世猜测为造字六法。

数，九种初等数学运算方法，用以计算土地面积、粮食重量和军队数量，以及按比例分配物资或征收赋税。

其中礼乐重在人伦及艺术修养，射御重在军事技能和体能训练，书数重在文字和数术教育。

夏代学校分为"序"和"校"。"序"为国都学校，教射场所。"校"为地方学校，圈马养马之地，演化为驭马驾车的训练场所。夏代实行"武人"专政，教育的目的在于培养贵族子弟成为能射善战的"勇士"，他们"执干戈以卫社稷",对内镇压奴隶,对外侵略别国。

商朝教育机构分为"国学"和"乡学"。"国学"又分为"大学"和"小学"。"大学"又称右学、西序,养国老的地方。殷人以西为右,尚右尚西。"大学"中还有一类特殊的礼乐学校,叫"瞽宗",商代的乐师宗庙。瞽(gǔ),本指"盲人",古代盲人常以演奏为业,故而有了乐师之义。乐师宗庙常有祭祀活动,祭祀常有礼乐相附,久而久之,变成礼乐场所。祭祀常伴礼乐,占筮需懂数术,卜辞需要书刻。商代的父师们在主持祭典大礼的过程中,顺道以相关知识和技能教授贵族子弟,让他们在历试诸难中成长。这就是后世所谓的"殷学瞽宗""以乐造士"。"小学"又称为左学、东序,养庶老的地方。"序"者,射击场所。

"乡学"分为"庠"和"校"。"庠"本为储存粮食和赡养老人的地方,类似于今天的粮库和敬老院。商代的"校"亦如夏代,本是圈马养马的地方,商王朝把"军校"开办在这里,为的是让学子们在马背上习射,在摔打中成长为国家勇士。

问题在于,作为射击场所的"序"何以成为赡养国老、庶老的地方?粮库和敬老院又何以成为教学场所?在漫长的社会发展过程中,人类早已意识到,为了生存和发展,父兄、酋长和长者必须通过"教育",向年青一代传授劳动知识、技能和生产生活经验。年青一代也意识到,老人生存生活经验对于文明的延续意义重大,于是自觉以长者为师,以能者为师，将他们请到射击场所指教，或到他们养老的地方拜访请益，这就是"序"和"庠"作为学校的来由。由此可见，尊老养老的社会风习源远流长。

商代的教育机构相对完备，目的同样是培养勇武善战的统治者，不过商人更注重以"孝"为本的人伦教育，视"礼乐"为"大艺"之首，以"礼"约束人的外表行为，以"乐"调和人的内在情感。夏商时期，人们"尊天事鬼"，"礼乐"教育弥漫着隆重的宗教气息。西周时期，人们"尊天事人"，更加注重"人"的地位和作用。

在商代，贵族男子必修的科目是"六艺"，而贵族女子则专修"女红"之事，包括针织、刺绣、缝纫、编织一类日常活计，以及婚后"礼相助奠"等日常出行和礼仪规范。这些都是古代女性必备的技艺，被称之为"内学"。她们的启蒙教育主要由母亲和保姆承担，保姆是继母亲之后的第二位女性教育者，负责照料日常生活起居，故有"傅姆师保"之教。甲骨文"保"，像一个大人背着小孩的样子，揭示了保的本质。商代"傅姆"须具备两个条件：一是"宽裕慈惠、温良恭敬、慎而寡言"，二是"年五十无子，出而不复嫁，能以妇道教人者"。

夏商周三代并没有"老师"这个行业，教授者都是各级官员，所谓"官师合一"。"师"名来源于武官，因为他们兼职为师，人们泛称教育工作者为"师"。"老师"一词最早出现于《春秋左传·僖公三十三年》：

"老师费财，亦无道也。"说的是军队出征日久而疲惫，与授业之意无关。《史记·孟子荀卿列传》："齐襄王时，而荀卿最为老师。"此指年龄辈分最尊的学者。事实上，春秋时期"师"这个职业已经出现，在战国以后成为常用词。"教育"一词最早出现于《孟子·尽心章句上》："得天下英才而教育之。"

卜辞中有几条3000多年前的教育史料，复录如下，供读者赏玩。

①"呼多伊于教王族。"大意是：商王命令伊（官名）负责教育王族成员。

②"丙子卜，贞，多子其延学版，不遘大雨？"大意是：丙子日卜问上天，弟子们延时学习按摩，回来时会不会遇上大雨？

③"丁酉卜，其呼以多子小子小臣，其教戒。"多子指商王室贵族子弟。小子小臣指有一技之长的司政小官，多来源于臣服商朝的游牧民族。教戒指持戈警戒或舞蹈，习武为征战，习舞为祭祀，这与殷序习射、瞽宗习乐之说相吻合。此辞大意：丁酉日卜问上天，命令多方子弟学习持戈警戒或舞蹈。

④"己卜，子其疲，弜往学。"大意是：学子有病，还要他上学吗。

⑤"庚卜，子心疾，亡延。"大意是：学子心脏不好，不去上学。

在中国，惩戒与教育自古相伴，可以说，老师手中的戒尺已高举了几千年。"戒尺"在上古时期有一个典雅的称谓"夏（jiǎ）楚"。甲骨文"教"字从"攴"，"攴"为"扑"的通假字，意为轻轻打击。我们每个人在成长的过程中，很少不受到父母和老师的体罚和责骂。就连一向反对惩戒学生的孔子，也忍不住骂过翘课睡觉的宰予："朽木不可雕也，粪土之墙不可圬也（《论语·公冶长第五》）。"敦煌莫高窟第468窟的《药师经变》壁画中，出现了迄今我们所能看到的年代最早的唐代学堂老师体罚学生的画面。北宋最早出现了有关"惩戒"内容的小学校规。2020年教育部颁布《中小学教育惩戒规则（试行）》，使得教育惩戒步入有"法"可依的时代。纵观世界教育史，惩戒并非东方专属，世界上许多国家都有惩戒详规。

甲骨文中没有发现庠、序、数、瞽（以鼓指代）之字，有学、教、校、师、礼、乐、射、御、书。

学，甲骨文字形。从构形上看，有双手、有爻、有宀。爻为卦符，指代物象的变化，此作算筹。宀为侧视的房屋。读（jiào）时，表示对孩子进行启蒙教育使其觉悟。读（xué）时表示学子接受教育。这类似于甲骨文，既表示授予，又表示接受，所以为授、受所共用。

教，甲骨文字形。从爻、从子、从攴，会意：手持戒具教子学习。本义：施教（于儿童），所谓"上所施，下所学"。由字形可见，教育从儿童抓起，学习具有强制性。古时"教""学"同字。

校（jiào），甲骨文字形 ✵。从木、交声。表示桎梏一类的木质刑具。引申：田猎时用来阻拦野兽的木栅栏。故有校对、校正之义。读（xiào）时，指学校，教射、习射的地方。

師（师），甲骨文字形 𠂤。从𠂤（duī）、从帀（匝）（zā）。本义：土丘之周围。引申：军队，驻扎军队，军官。军官在夏商时期同时有兼教之职，所以"师"又引申为精通某种技艺的人。"师"亦通"狮"。

𠂤（垖、堆）（duī），甲骨文字形 𠂤。像竖立的土丘。"𠂤"亦通"師"。

帀（匝），甲骨文字形 帀。疑为"生"之倒写。本义：生而不出，故有包围、环绕、周遍之义。

商代宗教

"商人尚鬼"一点不假，他们事事都要请教祖先神灵指点，祈求保佑。仿佛鬼神不开口，商人便迷失了行事的方向。他们心理脆弱，一点也不自信。他们甘愿频繁举行占卜活动，心理才会踏实。每次占卜先要把鬼神隆重祭拜一番，讨得他们欢心，然后提出诉求，灼龟见兆，判断吉凶。他们会把占卜过程和结果一一刻在龟甲上，重要事项还会反复贞问，等事件真实发生后，再把结果补刻在甲骨上，算是完成了叙辞、命辞、占辞、验辞的契刻全过程。这些甲骨档案被商人视为神圣之物，不可胡乱丢弃，如同佛徒手中念破了的经卷，他们也会恭敬地存储一处。甲骨文字就这样被保留了下来。

贞问的内容与商人的政治、经济、文化生活息息相关。比如一周后的今天是否会下雨，今秋庄稼收成如何，某妇生育是否顺利，后天是否宜于出行，敌方会否来袭，我方征伐能否获胜，明天狩猎能否捕获到犀牛，等等。

以现代人的眼光来看，此举多半是在浪费时间。可商人根本不这么看，在他们心中，这是何等庄严而神圣的事业，他们愿为此付出一切。毕竟，他们认识自然、抵御自然灾害的能力太脆弱了，唯一的出路：求助于神灵的训示和保佑。因此，他们对神灵格外崇敬，不惜代价地供奉和祭拜。马克思在摩尔根《古代社会》一书摘要中指出，人类社会在其幼年时期必然产生宗法观念。因为生产力非常落后，人们对于自然现象和斗争不能理解，因而产生了自然崇拜和关于人格化神灵，以及主宰的模糊观念。马克思一语道破天机。商王以此祈福，可谓自欺又欺人。

频繁的祭祀占卜活动，商王、贵族和大臣们都会积极参与主持。主力队员仍是以此为生的大批文化精英，他们组成庞大的利益集团，扮演贞人和祭司（师）的角色，沟通天地人神。再后来，出现了政治和巫司两大集团的矛盾和长期较量，直到殷商后期，政治集团才占据上风。

龟甲的来源主要靠掠夺和进贡，兽骨主要靠捕杀，所用者多为牛肩胛骨、虎骨、鹿头骨，甚至人头骨。钻灼前需进行一系列的整治工作，比如去脂、锯削、刮磨、软化，契刻时使用铜刀和玉刀。贞人在记录卜辞时采用两种方法：一是先用软笔在甲骨上蘸朱液书写内容，再使刀契刻。一是直接走刀契刻，类似于今天篆刻的起稿与否。

所书契的文字，不同时期自有风貌，成为后世研究甲骨断代的重要依据。

甲骨文发现的意义在于：实证了商朝历史的客观存在，厘清了已知最早的文字系统，明晰了以往文献中含糊不清的商代社会图景与宗教信仰，对于中华文明探源工程的意义十分重大。

至此，有几个关键字不能不提及。它们是祭、祀、甲、骨、卜、贞、兆、吉、凶。

祭，甲骨文字形 ⚞。会意：手拿着带血的肉，献祭于神主之前。本义：以手持肉献祭。

祀，甲骨文字形 ⚞，会意字。像一人跪于神主之前作祈祷状。在甲骨文中，"子""巳"可同形，代表幼子。据此，可解释"祀"：以幼子献祭于祖先神灵。"祀"亦可为形声字，从示、巳声。

甲，甲骨文字形 ✚ ⊞。本义：古代战士征战时保护前胸后背的护甲。"十"字形，代表相邻的四块鳞片之间的连线，加口表示整个护甲的边界。

骨，甲骨文字形 ⚞。骨架之形，肩胛骨。或理解为由骨头、口、裂纹组成。会意：以口贞问，再查看经过灼烧后的骨头上的裂纹，以此判断吉凶。本义：占卜兆问。甲骨文另有一形 ⚞，和后世楷体的"占"字同形。

卜，甲骨文字形 ⊦，骨头灼烧后的裂纹。

贞，甲骨文字形 ⚞。本义为鼎。后在"鼎"上加"卜"，形如 ⚞，作贞。这可以理解为占卜祭祀活动离不开鼎，所有贞问都有鼎的"在场"。

吉，甲骨文字形 ☖。像兵器（比如镞箭）放置在盒子里，闲置而不用，预示减少战争。本义：吉祥、吉利。

凶，甲骨文字形 ☒。像一侧身跪坐着的人，头顶可怕的面具。本义：恐惧，灾祸，不吉利。

商人之『祭』

商人是勇敢的，但内心缺乏自信，万事都得占卜祭祀，形式上崇敬、讨好祖先神灵，实质在于祈求福佑、祛除灾害。据历史学家和考古学家对甲骨文字的破译和统计，商人祭祀的名目至少有200个，睹之眼花缭乱。祭祀用品有"物牲"和"人牲"之分。物牲：牛、羊、豕、犬、兕，有圈养和非圈养之别。圈养称🐂，指人工饲养专供祭祀之用的牲畜。物牲也包括鬯、贝、珿（chù）。人牲：妾、奴、俘。在商人眼里羌俘是上等贡品。本文简介一批常见祭名，便于读者了解生活中常用字的本来面目，而无意对祭祀内容做详尽考究。

祭名常用字举例：燎、禘、侑、禦、祭、登、岁、卯、戠、伐、告、报、沉、肜、遘、翌、宜、酒、烝、祼、升、劦、衣。

寮（燎），木上有火星火苗以示燃烧。把玉帛、牺牲放在柴堆上焚烧，以此祭天。

帝（禘），甲骨字形模拟架木或束木焚烧以祭天

祭祖。一说像花蒂，为"蒂"之本字。

有（侑）🔲，神明祖先进食时演奏音乐助兴劝食。

禦 🔲，在祭台前执绳索以祭（或有挥舞动作）。

祭 🔲，手持滴血的肉献于神主牌位前。

登 🔲，双手捧豆（食器）随着引领者的脚步献祭。

岁［刿（guì）］🔲，斧钺，屠具，训为割杀。卜辞用于祭名。借作岁星。

卯 🔲，祭祀时将牲口（牛羊豕）一剖两半。

戠 🔲，从戈、从音（言）。会意：以戈刺舌，有败伤之意。戠祭指用动物肉干祭祀。

伐 🔲，祭祀时以戈砍掉人头。

告 🔲，口上一正面牛头形。本义：牛叫。"告祭"，为祈求祖先神明赐福，实现某种目标愿望，比如风调雨顺、战争胜利而举行的祭祀仪式。

报 🔲，一戴手铐的人被另一人压服着。会意：判决罪人，报答先人。

沉（沈）🔲，牛沉于水中之形。将牛羊类牲畜沉于河中，以此祈求太平。

彡［肜（róng）］🔲，须毛装饰的花纹（毛纹）。

—129—

初意为伐鼓之祭，后指正祭之后的第二天又进行的祭祀。

遘 [图]，从彳、从止、从冓。会意：在行进中相遇。本义：相遇、碰见。祖神降临，食用供品，这时主祭者才能与神相遇。借此机会，祈望得福。

翌 [图]，从立（正立之人形）、从羽。像人手持羽毛跳舞。"翌祭"即翌日之祭——为前一日祭祀的继续。商人以鸟为图腾，祭祀时，头插羽毛，手持鸟羽起舞，故称舞羽之祭。翌祭开始前，先要举行"工典礼"，工即贡，工典即向祭台供奉册典。甲骨文有"甲申工典翌"的记载。

宜（俎）[图]，将祭肉陈于俎案上，献于神灵。商人出兵前举行"宜祭"，地点在社坛，古代封土为社，一般由商王或贵族主持。

酒 [图]，从酉、从水（氵）。水在此示意酒液。以酒洒地祭奠。

烝（蒸）[图]，双手捧着盛满谷米的豆（食器）。本义：蒸食。"烝祭"指商王向祖先进献农产品、牲畜、美酒、俘虏的祭祀活动。

祼（guàn）[图]，字形从双手、从酉、从示（祭台）、从酒滴。会意：酌酒灌地以求神。"祼"与"福"字形相近。福指以酒敬奉神主（没有洒地动作）。

升 [图]，像带手柄的量器，小点代表谷物。"升祭"指以斗匕之类器皿盛荐牲血以祭。与"必"同形异字。

劦（协）[图]，将三个耒（农具）放在器具中，预示三耒合力耕种。本义：合力。"劦祭"即"合祭"，即在供桌上摆满贡品，敲鼓跳舞祭祀。

衣 ⟨字形⟩，商人交领右衽的上衣形象。衣之初出时，人们平时裸露上身，祭祀时才穿上衣服，以示隆礼敬意。这种祭衣转作祭名。"衣""殷"古音同，故"衣祭"亦称"殷祭"，隆盛之义昭然。

商人之"刑"

以现代人的眼光，商人之"刑"实在太"残酷"了，各类刑罚对人体和心理造成伤害，甚至致其死亡。夏商之际正处在中华文明的青春期，奔放野蛮的操作司空见惯。而更早时的智人时代，异族间"人吃人"，如同"蛇吃蛇"一样平常。所以，把商朝惨绝人寰的酷刑全然归罪于暴虐的纣王和妖孽的妲己，未必符合历史真实。随着人类社会文明程度的提高，酷刑终被废除。

商代的刑法，因史料稀疏，可供后世研判的信息有限，传说演绎的成分不少，且内容常互不整齐。

在广域王权的商朝，所谓"王法"，具有很强的隐蔽性和随意性，统治者的个人意志至高无上。所以，在那个时代，有法似无法，无法亦有法，统治者以他们的行为描绘出原始法制的轮廓，让后世从中看到法制的萌芽。商朝的刑法常与战争有关，与祭祀活动亦有丝缕联系。

商朝的《汤刑》，跟开国君主商汤毫无瓜葛，正如夏代的《禹刑》，与大禹没有关系一样。

先说商代"五刑"。

黥（qíng）刑。黥，古作"剠"。"黥刑"亦称"墨刑"，即在犯人额部刻纹,再填以墨,为商朝受刑时间最长的刑罚之一,一旦受刑,痕迹伴其余生。甲骨文并无黥、劓、墨三字,只有黑字。黑 图 ,会意字,从火(炎)、从囱,会火焰升腾从烟囱出烟之意。本义:熏黑之色。泛指煤或墨的颜色。由此推测,"墨刑"或许就是"黑刑"。

劓(yì)刑。劓的甲骨文字形 图 ,从自、从刀,"自"是"鼻"之初文。本义:割掉鼻子。西周金文 图 ,或以"臬"代"自"。劓刑包括聅(ěr)(割耳)、劓(割鼻)、挖眼睛三种,主要针对外族战俘或奴隶。甲骨文未见"聅"字,但有同义字"取" 图 ,会以手取耳之意。古代战争,杀死敌人后,取其左耳献上记功。表达剜目之义,甲骨文有"擘"(qiān)字,其形 图 ,像双手剜眼之形。本义:剜眼。亦读(wàn),古通"腕"。劓刑丑化了人的五官,使其成为奴隶的醒目特征,因而具有防范逃跑的作用。受过劓刑的人,心理难免自卑,不愿在稠人广众中招摇,往往自选戍边差役,于是诡异的一幕出现了,边塞军营里穿梭行走的多是无鼻之人,彼此相见,心理落差锐减。

与"剜眼"之刑相近者有"刺眼","刺眼"为"民"。甲骨文"民",字形 图 ,像一根针刺入眼睛,代表眼睛被刺瞎的战俘,充当奴隶。本义:有罪之人。引申:平民、百姓。西周金文字形 图 ,眼里的瞳孔已消失,表示瞎眼之人。典籍中,"民""盲""氓"为一字。卜辞中用作罪隶、人牲。"竖目之民"为"臣",甲骨文字形 图 ,表示俯首听命之人。

刖（yuè）刑。亦称剕（fèi）刑，也作"跀"（yuè），断足之刑。断左足，断右足，或断双足，断位在膝盖骨以下。"刖"的甲骨文字形 ▨，像正面人形（一腿长一腿短），从刀（或手持锯状物），会用刀（锯状物）截去下肢之义。商代金文字形 ▨，表意亦很直观。晚周以后字形从刀、月声。本义：砍掉脚。卜辞为"刖足"专字。

宫刑。就是割去生殖器。施行于女子者，叫"幽闭"。施行于男子者，叫"割势"。甲骨文"宫"，字形 ▨，从宀（房子形）、从吕（表示房屋套间，或彼此相连通）。本义：房屋、居宅。上古穴居而野处，后世圣人易之于宫室。宫刑之所以称为"宫刑"，由于此刑往往在古代宫廷中执行。宫刑又称为"椓"（zhuó），从木、豖（chù）声。本义：敲击。引申：宫刑。在甲骨文里有一个直接表示宫刑的字刞（qù），其形 ▨，从刀、从阳具形。会意：以刀割阳具。卜辞用作去阴之刑。此字，被释为阉割的"阉"，又被释为"斀"或"劅"，读音（zhuó）。在此，"椓""斀""劅"，义无别，字相通。

大辟。砍头之刑。古代的死刑主要是砍头，一种很原始的刑罚。甲骨文"辟"，字形 ▨，从辛（斧钺类刑具），从卩（侧跪之人形），或从口。会以斧钺砍去人头之意。所从"口"有两解，一解指被砍掉的人头，一解指人张口说话，张口说话者可能是行刑者，亦可能是受刑者张口痛苦哀号。甲骨文有同义字"伐"，字形 ▨，像以戈砍人头之形。本义：

砍头。卜辞用作征伐（敌方），或杀人牲以祭。

再说古书上所谓的"八刑"。

脯（pú）刑。将犯人肢解，晒成肉干（多指胸脯肉）。商纣王醢九侯之后，鄂侯不满，与纣王争辩，被纣王处死，晒成肉干。甲骨文并无"脯"字，战国楚简字形 脯，从肉、父声（或甫声）。本义：干肉。

醢（hǎi）刑。将人剁成肉酱。相传商朝末年，九侯将女儿献于纣王，但九侯女不喜淫乐，纣王怒杀，九侯受牵连，被剁成肉酱。甲骨文"醢"，字形 ，将人置于臼中，双手持杵锤捣，直将人剁成肉酱。本义：将人剁成肉酱。

烹刑。也叫汤镬（huò）。汤者热水，镬者无足之鼎，古代用作烹人的刑具。烹刑是将犯人置于沸水中烹煮成肉羹。史载，西伯侯嫡长子伯邑考即遭此酷刑，纣王赐西伯食之，西伯明知是自己的儿子，又不敢不吃，背过狱吏呕吐而出。至今羑里有"兔儿冢"，实为"吐儿冢"，当地人传说，自有"吐儿冢"，方圆几十里再无兔子踪迹。在甲骨文中，"亯"（享）（xiǎng），通"亨""烹"。亯（享）的甲骨文字形 ，像古建筑宗庙形。本义：宗庙，献祭上供之意。"汤"字始见于西周中期金文，其形 🖼️，从水、从昜（yáng）。甲骨文"昜"，字形 🖼️，像太阳在云气上升起，本义：太阳升起。西周金文 🖼️，添加"彡"，表示日光。汤 🖼️，阳光照在水上，以会水热之意。本义：热水。"镬"的甲骨文字形 🖼️，像一只隹（鸟）置于盛水的鼎中。本义：（用无足之鼎）煮。

剖心。最典型的例子莫过于"比干剖心"。比干是纣王的王叔，辅佐纣王的重臣。比干诤谏纣王莫信妲己妖惑，惹怒了纣王，被迫剖心。"剖"字始见于战国文字。

炮烙。此刑有两种方式。一是迫使犯人拥抱烧红了的铜柱。二是用炭火烧烤涂油的铜柱，让犯人在上面行走。两法结果都是一死。甲骨文并无"炮烙"二字。

坐嘉石。被视为商代刑罚中最显人性、最温柔的一种。让犯人久坐在漂亮的刻有"嘉言"的石头上反思罪过，再服劳役，最后在乡贤的保举下才能回家。"坐嘉石"三字，甲骨文中唯"坐"字，专家似未有"共恰"。

滴水刑。顾名思义，就是在犯人头上长时间滴水，使其精神崩溃。起因有两说。一说仆人不慎将水洒在妲己衣服上，妲己惩罚仆人用此刑。一说宫女受到豹子惊吓将水洒在纣王衣服上，纣王怒，以此刑惩罚宫女。甲骨文有"滴"无"滴"。

金瓜击顶。用瓜形铜锤击打受刑人头部，致其死亡。《封神演义》载，商纣王欲将自己两个儿子施以此刑，但未能成功。金瓜击顶四字中，"瓜""击"均为后起字。

虿（chài）盆。又名"万"蛇坑，即将罪人脱去衣服，扔进放着蛇蝎一类毒虫的坑中，被吃掉。相传纣王曾将作弊的72名宫女扔进虿盆之中。虿，蝎子一类的毒虫，甲骨文字形 ，活脱脱一个蝎子形象，突出其利钳和长尾。在商代已借为数字"万"。

以上刑罚的关键字，在已释甲骨文字中，有的得到印证，有的却并无回响。我们不妨猜想，要么商朝并无此刑，是后人的附会；要么本有此刑，叫法与后世不同；要么本有此刑，甲骨文字尚未被发现或尚未被释解。

最后梳理"刑""法""罚"。

刑。始见于西周金文 ，从刀、井声。本义：杀戮、惩治。通"荆""形"。甲骨文中有"井"无"刑"，以"井"代"刑"。甲骨文"井"，字形 ，四木交搭，像井口围栏。本义：水井。先秦用"井"字描写一种土地制度——"井田制"，规定"八家一井"，有序使用水资源，井栏不能随意越过。引申为法度、法则、惩罚。"井"因此有了"刑"——刑罚、整治的意思。"井"亦为"邢"之初文。

法（灋）。始见于西周金文，字形 。会意兼形声字。从水 （表示执法公平如水），从廌（zhì）✦（古代传说中的异兽，名獬豸，能辨别是非曲直，用角顶触有错一方），去✦声。三部件组合串讲：獬豸执法公平如水，遇到有错方便以独角顶去。本义：刑法。引申：法律、法令。

罚。始见于西周金文，字形✦。从刀、从詈（lì）（从网、从言，会意：搜罗、编造别人的缺点或罪状责骂）。会意字。"罚"有两种解释：一解，虽未持刀伤人，仅持刀骂人这样的行为，就应该受到处罚。二解，法网恢恢，判言凿凿，法刀霍霍，表示依法惩办。本义：罪行、刑罚、惩罚。

商人之"戎"

商朝国祚550年，其中400多年都处在战争状态，堪称"军事帝国"。商人如此狂热于战争，同样为的是开疆拓土，抢夺资源，开采铜锡矿石，还有奴隶和战马，甚至为此不惜频频迁都。商朝用兵可能也有"自卫反击"的成分。不管怎样，商人还是落了个"好战"的名声。"国之大事，在祀与戎"（《左传·成公十三年》）。考古资料表明，夏墟二里头出土的青铜器以礼器为主，很少有兵器。偃师商城和郑州商城出土的青铜器，兵器占比15%，以戈、矛和箭镞为主。到了中晚商，兵器占比高达70%。就是最好的说明。

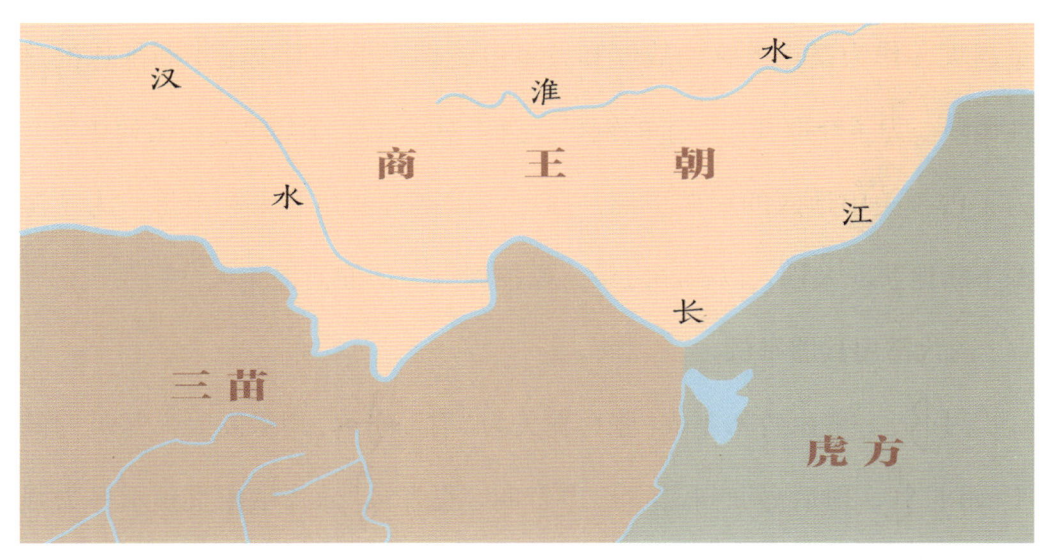

商代末期三苗虎方地域图

夏后氏实行的是松散的王权体系统治：方国联盟，使得以血缘为纽带的方国有了国家意识，从而形成了跨地域的文化族群。方国各自有土地、民众和奴隶，在松散的状态下自治。鸣条之战后，商族构建的是"莫敢不来享，莫敢不来王"（《诗经·商颂·殷武》）的强权政治格局，不仅贵族百官要臣属、纳贡、服兵役，王畿外的方国、部落都要接受商王统治，履行相关义务。如此一来，王畿之外怨声不绝，夏人支姓亦不服殷商统治秩序，伺机反抗和挑衅，逃往西北的土方已然成为商朝的宿敌。商人虽然由方国登上中央帝国宝座，但日子并不消停。商人为此展开了旷日持久的战争：征服敌对方国，削弱夏民族。几百年间，方国时敌时友，商王朝时强时弱，直到牧野之战爆发，商朝铁骑走向终结。

战争需要青铜兵器，祭祀需要青铜礼器。战争越频繁，青铜的需求量越大，作为祭祀人牲的战俘和奴隶也越多，于是形成了不断加速的恶性循环。为了夺取江西一带的铜矿，商王对长江流域发动了一系列战争。为了占领关中地区的铜矿资源，商王专设崇国就地开采和冶炼。为了源源不断地获取人牲，以羁縻之策，操控周人为他们活捉羌人。

商代常用兵器举例

弓，一般由竹木制成。张弓发矢为"射"，用弓发射弹丸叫"弹"（tán），射后弓弦抖动发出声音叫"弘"，二弓相重预示弓力强劲为"弜"（jiàng），弓箭上的束丝为"弦"，用手拉弓放箭为

"发" 🏹。搭箭拉弓叫"引" 𓂝。

畀（bì）🏹，像有宽大矢镞的古代矢形，由箭镞、箭杆和箭尾组成。起源于石器时代，由石片、骨头或贝壳磨成尖利形状，再安装在矢杆一端。箭头称"镞" 🏹 或"镝" 🏹，"镝"为形声字，从金、商声。

矛 🏹，古代一种长柄兵器。

殳 🏹，手持古兵器。

斧 🏹，从斤、父声。斧头。

我 🏹，长柄锯齿形兵器。在奴隶社会，主要用来行刑杀人或肢解牲口。转义：王族、贵族。借作第一人称代词。

戚 🏹，边缘带齿的斧钺。

胄 🏹，帽子上面顶着铠甲，本义：头盔。

盾 🏹，会意字。侧身站立的人手持盾牌。"单" 🏹 和"干" 🏹，本为捕鸟工具，用作兵器时亦有盾牌功能。"毌" 🏹 和"戟"（hàn）🏹，亦为盾牌。

癸（kuí）🏹，戟属类三锋形矛。甲骨文未发现"戟"字，以"屰"（逆）代之。"屰"的甲骨文字形 🏹，头朝下脚朝上，倒立之人。

戈，甲骨文字形 🏹，商代金文字形 🏹。本义：兵器，平头戟。引申：战争，战乱。

戎 ![img]，"戈"与"甲"合形，兵器总称。古代"五戎"：弓、殳、矛、戈、戟。

此外，还有杵（午）![img]、刀 ![img]。

商人尚酒

夏商两代酒文化都很盛行。商人尚酒,"酒池肉林",夏贵族亦"甘酒嗜音",荒耽于酒色享乐。史载,夏桀有"一鼓而牛饮者三千"(《韩诗外传》)的壮举。余粮酿酒,说明夏商时期粮食生产足食有余。中国酿酒史,最早可追溯到8000多年前的贾湖遗址。考古发现,夏代新砦人、二里头人普遍嗜酒。商承夏俗,将此风推向极致。贵族女性也普遍饮酒,已然成为商代社会的一道风景。

商人为何如此喜欢喝酒?

其一,酒的发酵过程,往往看不见、摸不着,因而被蒙上一层神秘面纱,古人视之为神奇之物。甲骨文"酒",字形 ,从酉、从水(氵)。此水为酒液、圣液。

其二,酒有兴奋和麻醉的作用,酒香杯中影,宇峻梦里仙,商人尤好此状态。

其三,在商人眼里,酒是"天人交合"的媒介,与祖先神灵分享美酒,就能获得福报,尤其热衷"祼祭"。甲骨文"祼"(guàn),字形 ,像双手持酒卣灌地

于祭台前。另有一形 ，从示、从果，果亦声。

商代酒的种类比夏代多。鬯酒、醴酒、白酒、果酒、药酒，最为常见。

鬯（chàng），甲骨文字形 。像盛酒的容器，器中小点表示酒在器中。鬯为商代高档香酒，贵族享用，祭祀之用，赏赐功臣之用。鬯分为两类，一类专用黑黍酿制，名曰"秬鬯"。一类掺和郁金香草，称为"郁鬯"。"鬯"通"畅"。

醴，用稻谷一宿酿制而成的米酒，未经过滤的汁滓和合的浊甜酒，度数低，味至薄，如同饮料。"醪"与"醴"相较，度数高而味浓。甲骨文中"豊""醴""禮"相通。甲骨文"豊" 。有两种解释，一释像器中盛玉形，示为礼器。二释为乐器，裘锡圭以为，是一种用玉相饰的大鼓。卜辞用作禮、禮器、醴、地名。

白酒，酒曲发酵，用粟酿制，滤滓存汁的粮食清酒。

果酒，添加桃、李、枣等各种果仁而酿制的营养酒。

药酒，添加草木樨和大麻籽等原料酿制的酒。

商代王畿千里，酿酒作坊林立，就连平民阶层中的富有者都有私家作坊，酿以自用，余者销售。《古史考》

讲述商末吕望曾经"卖饮于孟津",说的是姜太公在黄河古渡口孟津开铺卖酒的故事。

甲骨文中常见的酒器:卣、尊、壶、豆、罍、斝、爵。

卣,甲骨文字形 ◯ ◯ ◯◯◯,加点示酒液,加皿为意符。本义:酒器。青铜卣是盛贮鬯酒的专器,通常又成为鬯酒的容量单位,一卣的酒容量大体在5斤上下。商代甲骨文和铭文中,类似"鬯廿卣""秬鬯一卣"的记载颇多。卣主要流行于商代和西周早期。

尊,甲骨文字形 ⛬。像双手或单手捧酒器向上进献之状,或增阜 ⻖ 旁作 ⛬,强调往上奉承之义。本义:敬献。同:樽、撙、遵。

壶,甲骨文字形 ⛬,酒壶之象形。盛酒器。

豆,甲骨文字形 ⛬。既作祭祀之果盘,又作盛酒之容器。

罍,甲骨文字形 ⛬。商金文字形 ⛬,从皿、雷声。古代酒器。卜辞疑作祭器。

斝(jiǎ),甲骨文字形 ⛬。盛酒器皿。

爵,甲骨文字形 ⛬。饮酒器。

-145-

商人坐姿的文化指向

商代人的坐姿类似于甲骨文中"女"字的形象。

甲骨文女，像一人双手交叉于胸前，侧身跪坐的样子。这是殷商时代女子行"笄礼"后的标准坐姿。

不过，侧身跪坐，是商人普遍的坐姿，是商人普遍的生活习俗，不独女性如此。

朱熹所著《跪坐拜说》："两膝着地，以尻著踵而稍安者为坐；伸腰及股而势危者为跪；因跪而益致其恭，以头着地为拜。"简言之，两膝着地，屁股放在脚后跟上，叫"坐"；两膝着地，腰腿伸直貌似不稳，叫"跪"；跪下之后，身躯前倾，以头扣地，叫"拜"。"跪"与"坐"，伸缩之间，易于转换，便于做事和小憩。这是殷人常用的起居仪节，尤其是下人侍候主子时，尤需保持恭敬姿态。考古发现，一位35岁左右的墓主男子，右脚面有长期跪坐形成的磨痕，就是一证。

商人除了"跪坐"，还有"蹲居""箕踞"。

蹲居，足底着地，屈膝下蹲，股不着地，曲臂于胸前，

商代妇好墓出土的梳辫跪坐玉人像

或手置于腰部，谓之"虚坐"。

箕踞，屁股着地（席），两膝微屈，双脚舒展，状如箕舌。这种姿势一般而言，被视为无理行为，妇女尤不可为。孟子就因为妻子箕踞而欲"出妻"（休妻）。考古发现，贵族男子间有席地而坐，双手后支于地，仰望天空的姿势，这种放浪散漫的举止，不可见于礼仪社交场合。

商人的坐姿，在甲骨文字中得到充分体现。

即 [字形]，从豆 [字形]、从卪（jié）[字形]，像一人跪坐于食器之前就食。本义：就食。（皀（jí）[字形]，即古代食器豆，加点标示食物的香气。）

既 [字形]，从豆 [字形]、从旡（jì）[字形]，像一人饱食之后，扭头背向食器，准备起身离开。本义：吃完饭。引申：终结、已经、停止、过去。

饗（飨）[字形]，从双卪，从豆，像二人围着火灶或炊器坐食之形，类似于今人的"吃火锅"。陕西绥德出土的一件铜钺，上有一"飨"[字形]字，其形尤为生动：像二人双膝着地对食，一人正伸手抓食，很像今人劝酒的模样。

跽（jì）🖼️，从止、己声。本义：双膝着地，上身挺直。久跪时双膝会感到不适，商人就给膝下加个垫子，于是有了"卮"（zhī）🖼️字。商人的生活并没有那么刻板，他们也会选择其他坐姿，比如坐在土堆上🖼️。商人也会站着吃饭，以飤（sì）🖼️为证。

为什么将商人普遍的坐姿🖼️归于女性，而把用"力"（耒）耕田规定为男🖼️性。母系社会以狩猎和采集为主，人类第一次社会大分工后，分化出畜牧业和农业，这使得女性原有的地位优势逐渐丧失。从事畜牧业和农业需要强悍有力的身体，男子具备这种身体素质，在新的劳动生活中取得主导地位，最终导致男女在部族社会中的地位发生根本性变化。男耕女织各有专司，女子多在家从事纺织、缝纫、刺绣之类"女红"之事，相比之下，跪坐姿势于女性，使用频率远高于男性。这大概是"女"字字形的由来。同时，这样恬静娴雅的姿态更能表现女性柔美的特征。

女本柔弱，在外易受野兽侵袭，居家才会有安全感，甲骨文的"安"🖼️字，给予了积极回应。史前葬俗也很能说明问题。从马家窑齐家文化开始，随葬品中，男性多玉石制的斧、锛、刀、凿、锥、镞等工具，女性则以纺轮和日用陶器为多。进入父权社会，女性居家深以表明自己的从属地位，"男尊女卑"观念由此发轫。甲骨卜辞中常常表露出生男曰"嘉"、生女曰"不嘉"的观念。在母权与父权激烈争斗的商代，女性表现得依然活跃且风光。商代之后女性参政开始受到抨击，自春秋起，妇女职责开始被限定在寝门之内，政事、神事，妇女均无权过问。

姓本族号，部族的标志。甲骨文"姓" ，像一位女子看着草木从地面生出，会意女子生育。在上古社会，女人生出孩子，同时也给孩子贴上了部族的标签——"姓"。到了西周，常以"生"代"姓"，有意淡化女性的生育意义，强调人的自然属性。到了春秋，"姓"一度被写作"性"，由此可见女性社会地位衰落的程度。恩格斯说："母权制的被推翻，乃是女性的具有世界历史意义的失败（恩格斯《家庭、私有制和国家的起源》）。"

生殖崇拜的文字表达

生殖崇拜是远古先民敬畏生命及其顽强生存意志的体现。以女阴生殖崇拜为主题的陶画、岩画和雕塑很多，比如人面鱼尾纹、鱼蛙图、男女交合共舞图、性爱石雕、裸体女像、孕妇雕塑、妇女育儿石像等，其历史可追溯到新石器时代甚至更早。人类从母系社会过渡到父权社会，崇拜的对象物逐渐由"女阴"转向"男根"。

原始社会生产力低下，生存环境恶劣，人均寿命短暂，人口繁衍直接关乎着族群的存亡。原始社会已出现了男女分工，男主外女主内。男性外出渔猎艰难且收获很不稳定，真正养家糊口的是女性。女性负责采集、编织、生育、敬老、制陶，世界上第一个陶工是女性，第一幅陶画出自女性之手。妇女的生育能力和作为母亲的形象，与女性其他职能相比，尤为重要。

在甲骨文中，表示"男根"的字就是且（祖）。阉割就是毈（qù）。商周社会流行祖先崇拜，甲骨文、西周金文以"且"为"祖"，"且"字代表男性祖先，

故有神主牌位之义。但甲骨文中并没有单独表示"女阴"的字。有两个字与"女阴"关联度很高：一个是毓（育）——妇女正在生育，一个是娩——双手分开妇女下体助产，其中小口代表产门。

甲骨文中表示一般动物雌雄的符号固定且清晰。雄性用"士"，"且"的简写。雌性用"匕"，甲骨文字形，像跪爬之人形，突出翘臂、屈膝，亦见曲肱，借其躯体凹形以代之。雄雌符号的具体应用：牡，雄性动物。牝，雌性动物。虘（cuó），雄虎。虐，母虎。豭（jiā），公猪。麀（yōu），母鹿。

令人费解的是，"男根"的表述是清晰的，动物的"雄雌"表述也是清晰的，唯独"女阴"之字阙如。

甲骨文山谷的"谷"，字形，本义：两山间狭长而有出口的水道。用许慎的话说："泉出通川为谷。"《淮南子·地形》云："谷，污下，阴也，故为牝。"先民以"谷"之地貌象征化育能力，将"洞""井"与女阴联系起来，称之为：娘娘洞、女儿井，只能算作是一个隐喻和类比，给读者留下想象的空间。到了战国时期，出现了"也"，字形。《说文》："也，女阴也，象形。"据此，当"也门"这个国名翻译成汉语时，据台湾作家李敖回忆，于右任先生认为不雅，建议改为"叶门"，台湾地区至今这么称呼。这些都是生活趣话。

在母系社会，血缘纽带的中心是女性。随着社会生产力的发展，女

—151—

性的中心地位出现动摇，她们感到了前所未有的不安和失落。男女争夺"生育权"的较量旷日持久，于是有了"鲧腹生禹""产翁坐褥"这样匪夷所思的事情发生。男权一旦得到稳固，必然与曾经的女性生殖崇拜相切割，转向男性。文字是男人的"游戏"，突出"男根"而有"且"，顺理成章。这可能是导致女性生殖崇拜更多出现在远古的陶画、岩画和雕塑中，而男性生殖崇拜清晰地出现在甲骨文字中的原因。

氏族从姓族延续而来。"氏"既然是"姓"散开的枝叶，必然留下"姓"的基因。甲骨文"姓"，女所生也：既生人，又生姓。人既生，姓注定。"姓"是什么？是部落门口所插的旗帜，是族群心目中神圣的图腾，比如某种动物、植物、山川、河流。

最近关注到甲骨文学者谭俊江的见解。谭俊江是学界特立独行且神秘的一个存在，他发表过许多振聋发聩的观点，扩充了人们对甲骨文字认知的空间，对传统思维建构造成强烈撞击，他的文论旁征博引，逻辑严密，引人深思。他认为，甲骨文的"草"和"以"，原本指代的都是"女阴"。

薏苡果实，形如女阴

1.甲骨文"草"字的"三叉形状"，就是"女阴"。甲骨文草木初生的"生"，变为女阴下加一横，一横代表牌位底座，合形表示女阴生殖崇拜。甲骨文"告"字，从生、从口，生为女阴崇拜，口为主祭者。告，变成祭司崇拜女阴的祝告，"告"不再是"牛叫"，而是"人叫"了。

2.传说，鲧纳有莘氏之女修己，修己吞薏苡而生禹，故夏之国姓为"姒"。在原始母系社会，薏苡是有莘氏部落的崇拜图腾物，故有莘氏部落姓薏苡的"苡"。古字"苡"本为"以"，但作为姓，在女权社会必加"女"，于是变成"姒"。"姒"为上古八姓之一。因为禹姓"姒"，他后来成为夏之国君，所以"姒"成为夏之"国姓"。有莘氏之女修己与鲧"走访婚"，生下禹。在那个孩子只知其母不知其父的时代，禹知其父（鲧）似乎是个例外。不管怎样，部落依然以为修己吞食了部落图腾崇拜物薏苡而生禹。

薏苡是个神奇的禾本植物，俗称草珠子，喜欢生长在河池、山谷等温润环境。它的禾苗可以作为牧草，果实可以作为食材，也可以用来酿酒，营养丰富，药用价值不凡。不仅如此，薏苡果仁还可以穿起来做成手链、项链一类工艺品。有莘氏以薏苡为部落图腾，似可说明两点：他们生活在水边，他们以薏苡为食。薏苡为族人的生存提供了生活保障，所以视薏苡为神圣之物。薏苡果实成熟后，坚硬的圆形外壳往往会裂出一个口子，谭俊江以为这正是女性生殖器的形状，故而视甲骨文"以"字为"女阴"。

甲骨文"以"，字形 ？，本指古代翻田用的犁头，在谭俊江眼里变成了女阴，并以此产生了一系列的联想。

甲骨文"厶" ？，字形与"以"相同，会意：双手环抱（禾谷），据为己有。古同"私"。在谭俊江看来，"厶"就是女阴。

甲骨文"巳"，其形 ？，与"以"相反。本指小儿貌，突出可爱大头。谭俊江亦视为女阴。依此类推，甲骨文"祀" ？，本像一人跪于神位前祈祷，或以幼儿祭祀祖先。在他看来，祀是对女阴的祭祀，是对女性生殖器的崇拜。

甲骨文巳 ？、已 ？、己 ？ 本为同源字，所以"已""己"也被视为"女阴"，甚至，甲骨文"乙"，其形似柳叶、如流水： ？，也被归于女阴。甲骨文"四"，字形 三，春秋金文字形变为 ？。因 ？ 形像女阴，以女阴论。并称，夏已有之，商人屏蔽，隔代显现而已。台 ？（春秋字形），以口祝告，同样表示对女性生殖器的崇拜。以为，"台"即"始"之初文。

殷商文学

给殷商甲骨卜辞冠以"文学"之名是否言过其实？

商代的书写材料，不仅有甲骨，有青铜，更有简册。大量甲骨文字已经证明了商代简册的存在。竹木的来源和简册的制作要比刻铸甲骨和青铜容易得多，我们有理由相信，简册才是商代社会普遍使用的书写材料，它所记录的内容涵盖商代社会的方方面面。可是它们上面记录的文字信息，今天的我们已无从知晓。不过我们可以猜测和想象，流传至今的《尚书·商书》17篇，恐怕本自简牍原作的再整理。《诗经·商颂》五首祭祖颂歌，也未必全然是出自商后裔宋国贵族之手。商代青铜器铭文有数百件，所铸刻的文字多是族徽、名号、朝贡者或青铜制造者的名字，虽然美感十足但信息量有限。像商纣王以奴隶主"邲"的名义铸造的"二祀邲其卣""四祀邲其卣""六祀邲其卣"，如此多字数的铭文在商代实属罕见。相比之下，只有甲骨刻辞信息量丰满，但它主要是国家祭祀档案，我们是否可以从中筛选出文学的意蕴？答案是肯定的。就刻辞内容而言，除了卜辞还有纪事，而纪事内容包括与占卜"有关"和"无关"两个方面，有关者牵涉甲骨的进贡、整治和入库相关内容，无关者包括干支表、家谱以及特殊事件记录。

四方风刻辞

东方曰析，风曰协；南方曰□，风曰微；

西方曰□，风曰彝；北方曰□，风曰役。

注："役"同"役"。役，甲骨文字形 𠈌。从人、从殳，殳亦声。像以棒击人（迫使其做事）。本义：役使。《说文》变此结构为从彳、从殳，属于理据重构，楷书作"役"。

胡厚宣 1944 年发表的《甲骨文四方风名考》一文中，解释：南方曰"夹"，西方曰"夷"，北方曰"宛"。他的解释与《山海经》中的记载相似，因此被许多学者所接受。然而，至今质疑之声未绝。

"四方风刻辞"把四方与时节相编配并参照草木禾谷生长特点，衍生出：析、夹、夷、宛四方神名，象征着草木禾谷春萌生、夏长大、秋成熟、冬收藏。该卜辞并对四方风加以描写：风曰协，指和煦之风。风曰微，指微弱之风。风曰彝，指大风。风曰役，指烈风。

卜辞的文本一般分叙、命、占、验辞四部分。虽然在每片甲骨上四辞未必同时出现，且文辞简短、语序独特、语法灵活，但从文学的角度，已然具备了"六要素"，能够帮助我们在特定的语境下，细心揣摩商人的认知和思维，还是可以体会到他们的情感世界。

值得玩味的是，在这些简洁、庄严、神秘的文字背后，是体量庞大的口头语言，它们来自巫师们抑扬顿挫的说唱，他们以此与神问答，与天地沟通，祈祷福安。商人祭祀很有仪式感，最突出的文化特征是歌、乐、舞三位一体。当巫师们大段的咏唱凝练成摘要式的书面语言的时候，生动的口语信息大为衰减，这些简单而朴素的古歌，变成了后世的古文。

一片甲骨是这样记述的："癸丑卜，争，贞：自今至于丁巳，我戈宙。王占曰：丁巳我毋其戈，于来甲子戈。旬有一日癸亥，车弗戈，之日夕🜨甲子允戈（《甲骨文合集》6834）。"大意为：癸丑日占卜，争（卜师的名字）贞问：从今天到丁巳日，我会剪灭宙（方国的名字）吗？王占断说："丁巳日，我不会剪灭，在下一个甲子剪灭"。十一天后的癸亥日，车没有剪灭，到第二天甲子果然剪灭了。

如果你觉得这样的卜辞略显生涩和繁复，不妨看看下面这条纯粹的纪事刻辞——宰丰骨匕刻辞："壬午，王田于麦麓，获商戠兕。王赐宰丰、寝小、㫃兄，在五月，唯王六祀肜日（《甲骨文合集》36347）。"大意是说，壬午那天，商王在一个叫麦的地方的山脚下，猎获一头罕见的犀牛，商

—157—

王很高兴，赏赐给了内务总管丰、侍从官小和御厨长兄，时在五月，商王六年肜祭之日。

这是一个3000多年前的故事，颇有田园意蕴。

如果再欣赏如下几条鲜活语料，是否会萌生"诗意"的感觉？

①"癸卯卜，今日雨。其自西来雨？其自东来雨？其自北来雨？其自南来雨（《甲骨文合集》12870）？"大意为：癸卯日占卜，今天会有雨吗？会从西边来雨吗？会从东边来雨吗？会从北边来雨吗？会从南边来雨吗？

②"己巳王卜，贞，今岁商受年？王占曰：吉。东土受年，（吉）。南土受年，（吉）。西土受年，（吉）。北土受年，（吉）（甲骨卜辞《粹》）。"大意为：己巳日大王占卜，贞问：今年王会有好的收成吗？王占断说：吉利。东边的土地会有好的收成，南边的土地会有好的收成，西边的土地会有好的收成，北边的土地会有好的收成。

两辞后几句的形式感，不由得让人想起汉乐府《江南》里的诗句："鱼戏莲叶东，鱼戏莲叶西，鱼戏莲叶南，鱼戏莲叶北。"想起南北朝《木兰辞》里的诗句："东市买骏马，西市买鞍鞯，南市买辔头，北市买长鞭。"还有上博楚简《容成氏》中记述大禹用"旗"于民的一段话："东方之旗以日，西方之旗以月，南方之旗以蛇，中正之旗以绳，北方之旗以鸟。"联想到：东青龙、西白虎、南朱雀、北玄武。实在是原生态的文学与音韵之美！若再朗读著名的甲骨刻辞《四方风》："东方曰析，风曰协；南方曰夹，风曰微；西方曰夷，风曰彝；北方曰宛，风曰役。"内心是否有一股澎湃的感觉？！同时，真切地感受到诗歌"祖源"的存在。如果说魏晋南北朝出现了中国文学的"自觉"，那么，殷商时期的中国文学已处在"自在状态"。殷商文学并不了解自己是一种怎样的存在，但确实已经历史地存在着。至此，与其说《诗经》是中国文学的源头，毋宁说甲骨刻辞是中国文学的滥觞。

卜辞文学的确立，直把中国文学史向上推溯了六七百年。

宰丰骨匕刻辞

壬午，王田于麦麓，获商戠兕。王赐宰丰、寝小、旨兄，在五月，唯王六祀肜日。

大意：壬午那天，商王在麦这个地方的山脚下田猎，获得一头罕见的兕（犀牛），商王赏赐给宰丰、寝小和旨兄，时在五月，商王六年肜日。

这块牛骨相传出土于安阳。记载了帝乙（或帝辛）时，宰丰等人受商王赏赐之事。刻辞布局精妙，疏密得当，笔力雄健浑圆，显示出卜辞书法成熟之美。

原始美的探歌

人类从远古走来，他们心中的情思完全与他们朴素的生活息息相关。

先民们以贝、壳、牙、骨、玉、珠为饰物，挂在胸前，穿在手上，这正是他们劳动的成果，他们勇敢精神的外化。

他们绘身文身，纹自己部落的图腾（包括职业、地名、水名）以及复杂的不为后人知晓的各种图案，为的是指明族落身份，寄托某种情思，关联某种宗教和巫术目的，不排除某种图案会让猎物感到恐惧，以此求得更大胜利。所谓爱美的天性在原始人那里首先来自实用的目的，时间既久逐渐演变成为美的形式和表达。文身是原始人非常普遍的行为，直到文明昌盛的商代也没有消失，给后人留下深刻印象：殷人是喜好文身的民族。

原始人以圆融为美。彩色陶鬶上夸张如牛乳般的中空袋足就是最好的例证。它象征着母腹、子宫和肥臀，只有丰乳肥臀的女人才具有强大的生育能力，这对于一个生存条件艰苦、人口成活率低下、寿命普遍短暂的族落而言，意义十分重大。所以，他们把鱼纹、蛙纹和花卉纹画在彩陶上，他们渴望族落的女性能够像鱼、蛙一样盛产后代，这些图案从而成为后世反复欣赏的艺术珍品。商人崇拜鸟类，是因为鸟儿栖息的地方就会有岛屿的存在，岛屿就会成为他们躲避海侵，栖身立命的家园。

原始人懂得对称之美。生活经验昭示他们，对称意味着安稳无危，从而带来心理上的平衡与愉悦。古人"以己视物"，目之所及无不皆然。所以，夏墟遗址二里头宫殿区建筑出现了中轴对称，不足为奇。古人在平衡和谐中，慢慢领悟到了"中庸"的道理。

在商人眼里，白 色最美，因为白色代表着高贵、高雅、纯洁、端庄、吉祥。他们喜欢穿白衣，用白陶、白甲骨、白牺牲、白猎物，安葬死者还会在坟墓上种植柏树（"柏"与"白"古音相同）。殷人以鸮为纹饰，希望族人具有鸮一样凶猛搏杀的性格和品质。他们以饕餮食人纹象征狞厉与凶残，以此暗示商政权凛然不可侵犯。饕餮的形象来自史前横行于华夏大地的斑鬣狗，它们曾是人类的宿敌。现代社会，人们常以"饕餮盛宴"形容食物的丰盛与美味。如果知道了饕餮曾是以人为食的残忍的家伙，心理上还会有大快朵颐的快感吗！

古人以甘、旨、鲁为美。渔猎的美味带来的味觉上的舒适感，让古人在物质享受的同时产生了某种精神上的向往。穿着打扮所引发的服章之美，实居其后。

商人以乐舞为美。那是讨好祖先神灵的手段，出于祛灾求福的实用目的。在远古社会，人类认识和抗争自然的能力太差了，他们面对破坏力极强的地震、火山、海啸、台风、暴雨、洪灾，显得那么弱小和无助，只有凭本能应对，靠感官判断，灾难仍屡屡降临在他们头上。在他们的认知里，上帝、风、雨、雷、电，四方、山、川、河、岳，均有强大的人格意志和力量，它们既是大自然的主宰者，又充当着主宰人世命运的角色。人类于是产生了复杂的应激反应：对于震撼心灵的自然景象，既恐惧惊愕，又赞美崇拜，既否定又肯定。他们崇拜太阳，那是因为太阳可以驱赶乌云让他们下海捕鱼。他们祭祀月食、星辰、彩虹，为的是免灾、长寿、风调雨顺。他们崇拜高山，因为山近天可通神，崇高之美油然而生。商人只有通过不断地贿赂和讨好诸神，虔诚地歌之舞之，方可"修德以拒畏"。

关于甲骨文的"美"字。

美的物象来源于舞蹈。商人祭祀之舞，狂欢之舞，插羽执尾之舞，冠角执钺之舞，披发赤手之舞，林林总总，无论"文舞"还是"武舞"，都是"人舞"。甲骨文"大"是正面站立而四肢舒展的"人"，所以大就是人，人就是大。插在人头上的羊饰、羽饰皆为自然之物。羊饰优于羽饰，因为羊多为白色且更符合商人尚白风俗，羊性情温顺，好饲养，数量多，肉质肥美口感好。所以商人祭祀时多以羊为"物牲"。由此也喜欢以牧羊为生的羌人为"人牲"，周人曾有很长一段捉羌献商的历史。所以商人在庄重仪式上，会频繁使用羊头。甲骨文羊、祥、善（膳）、仪、羲，即是证明。旁证者：髦。反证者：丑和醜。

由此可见，"以羊饰人"与历史真相最为契合：生活创造美，美就是生活。商人的审美是直接的、质朴的、浅显的，寄托着他们的独特情思。所谓形式美、造型美、装饰美、崇高美、韵律美……都是后人的情思绵延和精细解读。

羊 𦍌，正面羊头形象，以局部概括全体。

祥 𦎧，献羊于祭台上，祈求福报。

养 𦍌，手持鞭子赶羊。本义：饲养。这是人类驯服羊、牛、马之后的放牧状态。"养""牧"同形异字。

羔 𦍊，从羊，从火，或有叫声传出。"火"指小羊生命的朝气与火气。本义：新生的羊子。"羔""岳"同形异字。

芈（咩）𦍌，羊角间加一"V"形，表示羊叫时所哈出的气。本义：羊叫。

羴（膻）🐏🐏🐏，两羊头或三羊头、四羊头叠加组合。会意：羊身上散发出来的腥膻味道。

羌 ，饰着羊头、扛着戈或羊鞭的牧羊人。

髦 ，一个人头发修长而下垂的样子。原始人披头散发，头发过长时用石头砸断截短。商人行成人礼后多盘头辫发，平民散发者亦多。

甘 ，口含食物。会意：美味。

旨 ，以勺将食物送入口中。会意：美味佳肴。

鲁 ，以口食鱼为其本义。

美 ，人头上有羊形装饰物，表示形貌好看。本义：美观。

商代 LOGO 的审美趣味

中国的 LOGO 历史可以追溯到上古图腾时代。原始部落里的人们坚信他们与自然世界的万象，比如月亮、太阳、黄熊、乌鸦有着某种神秘的关系，他们将它们作为敬仰的标志刻在居住地，刻在劳动工具上，刻在兵器上，作为祭祀的对象，最终演变为"族徽"。商族以玄鸟为图腾，玄鸟即为商人族徽。有学者认为，商王朝的祖先曾以猪为族徽、国徽，这或许是因为猪会游泳，当大洪水袭来时，可以驮人渡险。

殷商青铜器上铸刻着大量的族徽文字，为我们观摩古人审美主张、审美实践、审美趣味提供了真实史料。商代也有少量文辞连贯、篇幅渐长的铭功文字，比如二、四、六祀邲其卣，终究少数。长篇铭文的时代从西周开始。

殷商人的族名徽识涵盖的信息量很丰富。比如，为作祭祀对象的私名（妇好），庙号（后母辛），日名（且丁、且辛、父甲、父乙），职司（鸟、马、豕、鹿、大象），作器者私名（光）。商人活着用私名，死后用日名，以天干为名号，学界称为"日名"。受商文化影响的周边氏族普遍采用"日名制"。从先商—商朝世系可见，上甲微之后开始使用"日名"，先公先王从此享受周祭。日名制的来历学界观点颇不相同。李学勤认为："日名通过占卜获得，由死者后人挑选其一。"这个观点目前认知度较高。

在阶级社会，唯有贵族配享青铜祭器。而贵族们最在乎自己的身世、地位、享赐待遇，他们会把荣耀以美的方式铸刻在青铜上，生前使用，死后陪葬。从《殷周金文集成》（8册）统计情况来看，几乎所有的殷商青铜器都会有族徽的存在，鼎、觚、觯、卣、尊、罍、角、彝、甗、瓿、刀、铙、罍、戈、勺、壶、盖、盉、觥、簋，概莫能外。值得一提的是，"亚"形图案出现的频率极高。比如隗亚、疑亚、亚莫、亚弓、亚若、貘亚、多亚、亚启、亚车邑、亚弜、亚止、亚正册、亚秋舟、亚舟、冬亚、亚酉、亚共覃、亚矢望、雔亚、亚鴈、亚卯、亚佣等。学界高度关注。主要观点如下：

其一，甲骨文亚 ✠ ▢，指代正视的族徽标识，或俯视的四向相连的宫室图像。卜辞中用作官职名、地名、祭名、序词第二，也用作墓坑、火坑和安放牌位并作祭祀之处。宫殿和宗庙是商王朝或方国最为神圣的建筑，往往四阿重屋。建筑的基础一般为规整的矩形，居高俯视，其形与亚形吻合。青铜器圈足偶尔出现亚字形镂空，应是一种庄严的表达。

其二，刘钊认为，商人已有"五方"概念，即东、南、西、北、中，商人将这个空间概念泛化为一个吉祥美好的象征，成为流行的图案。

其三，于省吾认为"亚"像建筑的方隅或角落，训为"阿"（ē）。

殷商青铜器上标识图案的文字组合、纹样搭配，独具匠心，美意连绵。

我们暂且抛开文字的含义，仅就图案做如下分析，视作对商代 LOGO 的一次梳理和欣赏。

1. 大小组合

在这类图案中字号差异非常大，但组合巧妙，气息贯通，浑然天成，丝毫没有突兀、别扭的感觉。比如子渔 ，、子龚 。

2. 套装图案

这类图案依形设计，常常是用闭环结构的字包围其他字，形成我中有你、你在我中的融洽关系。比如子卫 、正侯 、亚广 。也有将一字分解，置入另一字的左右两侧，形成天然的相向或相背的状态。比如北单 ，将"单"字插入"北"字中间，仿佛两人背靠一棵大树乘凉。雠亚 。将"雠"字双鸟分置在"亚"字两侧上方，做对视状，仿佛古建筑上相对站立着的可以降雨吞火的鸱吻。

3. 亚形结构

就"亚"字本身而言，分两种情况。一种字义与装饰兼具，一种扮演纯装饰角色。在图案中"亚"字或与其他字并置，或包围其他字，或被其他字包围，偶有相

互借笔的情形出现。比如亚车邑 ▦、亚貘 ▦、亚羲 ▦、亚卯 ▦、亚箕 ▦、亚俑 ▦、亚舟 ▦，皆属于第一种情况。若癸师乙受丁旅 ▦，当属第二种情况。

4. 线面组合

这种组合以"线条"和"块面"在对比中形成强烈反差而吸引读者目光，已被后世广泛应用于篆刻作品当中。比如：光 ▦、辛飨宁 ▦、象且辛 ▦、正 ▦、幸旅父甲 ▦（笔画粗细变化对比强烈）。

5. 具象与抽象组合

这类图案因为有具象图案的存在，不管字数多少，如何摆布，都给人以想象的空间。庚豕马父乙 ▦、羊单父丁 ▦、何马 ▦、克祖丁 ▦，此类例证在金文中很多。

6. 重复对称

这类图案很大的特点在于个别字的重复使用，以求结构上的"平衡"。比如：

羊册 ▦。两"册"字对称并相对倾斜，与"羊"字构成呼应关系，动中求稳。

亚正册 ▦。两"册"字分置于亚字左右，"正"

居于"亚"字形中,其理同上。

弜册作祖乙🔲。两"册"字分置"弜"字左右,又被下面一行字高高托起,仿佛杂技高杆上攀着两个人。

令父己🔲。两"令"相对,并共用一"亼"字,仿佛两个侧跪之人在一顶官帽下私语。

弓卫🔲。两"弓"分置于"卫"字左右。两"弓"朝外,呈对称状。

艺父己🔲。两"艺"字相对,仿佛两个园艺师正在切磋技艺。

玉廾🔲。两个"廾"字相对,仿佛两人合力抬起一物。

7. 借笔求简

亚疑🔲。"亚"字最下一笔与"疑"字开启一笔重合。

亚舟🔲。"亚"与左右"双舟",笔画重叠相通。

8. 以圆生神

媓🔲、嫠🔲 两字最为典型。这样的用笔和构形给人以蓬勃、洒脱、奔放、自由的情感张力。

9. 趣味遐想

月鱼🔲。"月"字竖立,"鱼"字横卧,下面又添加作为装饰的底座,仿佛一个篮子将"月鱼"盛于其中。

圆弯的笔画，颇有几分童趣。

舟父甲。"父"字将"舟"字高高举起，"甲"字在左下侧做巧妙的平衡支撑，远远望去，酷似古代帝王出行时所撑起的黄罗伞，很有庄严的仪式感。

丁人。像不像一个体育健将正在起步弹跳，举球投篮。或像一位仰望星空，吟诗作赋的文人。

髫。一个穿着短裙、头发上翘又下垂的商代童子的可爱形象。可见，3000多年前的儿童装束跟现代并没有太大差别。

克虎。活脱脱一幅《勇士降虎图》。老虎的威武，勇士的果敢，都写在图画中了。

西隻单。将"西""隻"两字轻轻放在单字的交叉处，"单"字笔画相对粗壮，很好地起到了平衡稳定作用。"西"字向左侧微微倾斜，破了单调死板的局。

10. 装饰图案

装饰图案本与字无关，但在徽标设计中应用广泛。它们与徽标精巧组合，处处彰显出商人超强的宏观架构能力和美感想象能力。

子刀。"子""刀"二字本是刻在鼏的图案，

上下排列，笔画揖让，重心重合。仅此仍显单薄和单调，商人精心添加一椭圆刻文将它们围拢起来，马上传递出圆浑、厚实、醒目、柔和、优雅的感觉。

门勺 。本是刻在勺子上的一个"门"字，孤单单的一个字。可是商人将它镶嵌在一个提篮图案中，阴阳互见，形成有意味的表达。

亚秋舟 。图案当中"亚""秋""舟"三字竖排本无多少令人激动处，但是有了左右两侧细密繁复的回纹图案和酷似哥特式建筑造型的烘托，一下溢出磅礴气势。

卫 。这是盛酒器具瓿上铸造的一个"卫"字：四脚围绕城池转悠，以示巡逻、守卫之义。商人在"卫"字下又刻上一道弧线，不经意间，一下将"卫"字烘托出来，收到散中有聚的效果，又有动感蕴含其中，和"卫"之本义呼应又暗合，实在是神来之笔！如出一辙者很多，又比如告田 、乑册 。

通过以上的展示和分析，我们不难看出商代社会生活多彩的一面。商人的想象力丰富，构思巧妙，对形式美学原理心领神会，且运用得炉火纯青：统一与变化、对比与协调、对称与平衡、比例与尺度、节奏与韵律、动静与力场、连绵与呼应、主次与衬托、具象与抽象、精微与宏大，信手拈来，不露痕迹。虽然，他们没有进行后世格式塔心理学：整体优先于局部，整体大于局部总和那样的理论总结，但这丝毫不影响商人对于美的智慧追求和抒发。上述种种表现，正是中国古代美学基本观点的自然外化，主要体现在以下几个方面：

1. 中和之美。强调事物应遵循"中庸"之道，追求和谐与平衡。

2. 美与道的统一。道即自然，道为美的源泉和审美对象。美为道的具体表现形态，它体现人与自然的和谐统一，所谓"天人合一"。可见，儒学思想在殷商时代已经萌芽。

3. 尚意追求。中国古代艺术和美学重视意境和神韵的追求，以表象形式，揭示深刻内涵。

商人的杰作带给3000年后人诸多遐想和快乐，文化自信心和民族自豪感油然而生。商人的美学观点和艺术实践对于当代书法、篆刻艺术，LOGO设计，都有着现实的启发和借鉴意义。

商代的毛笔与简牍

提起毛笔和简牍，人们很容易想到蒙恬造笔的传说，想到博物馆里展示的汉代毛笔，想到战国时的秦简、楚简及后来的汉简。其实，毛笔和简牍的历史更为邈远，今天的我们已无法看到它们的真容，但甲骨文字却提供了重要信息，让我们深信不疑。

且看一组甲骨文字：笔、画、昼、律、册、典、编、删、嗣、龠、龢、栅。

笔（聿），像手握一支有毛刷的笔。

画，"笔"下加一双"S"相交图形。有专家解释为绘画用的矩尺，它更像毛笔所画出的图画。

昼，手持毛笔画太阳，表示白天。

律，以手持笔书写文告，沿途张贴。

册，像用两根丝线系着若干并列的竹简木牍形。

典，双手端着简册放在案几上。会意：经典。

编，"册"旁加一束丝线。会意：以丝线编织竹册。本义：编册。

删 [字形], "册"旁置一把小刀。会意：删除。古人用简，若是写得不好或出现差错，就用小刀削去痕迹。小刀如同橡皮，汉代"刀笔吏"常将小刀挂在腰间。

嗣 [字形]，甲骨文字形由"大"（人）、"子"（小孩）和"册"组成。会意：大人（长辈）将简册授予小孩。本义：继承。

龠 [字形]，象形字，笙簧一类管乐器。竹管有孔，排列如"册"。

龢（和）[字形]，从龠、禾声。笙属编管类乐器。编管形状如"册"。

栅 [字形]，栅栏，像一排木棍插于地面，中间又有横木帮固，其形如"册"。

以上文字结合历史文献和考古发现，至少给予我们三点启示。

一、商代人常用的书写载体，并非大家熟知的甲骨，而是竹木制的简册。据《尚书》记载，商的先人曾用典册记录殷商取代夏朝之事，卜辞中就有"以册献祭"的记载。只是年代过于久远，木竹之类的材质易于腐败，今天的我们已无法知道毛笔的形制，也无法了解简册所

记录的具体内容。晚商是否也用简册记录卜辞，尚没有证据能够否认这一点。

我们现在还能看到不少商代人在玉器、石器、陶器、甲骨上用毛笔书写的文字痕迹，被视为中国最早的"法书"。商人常用类似于今天朱液的天然颜料书写。每每看到这些红色印迹，总会让我无限遐想"法书"的源头。不管怎样，毛笔伴随汉字，至少走过了3000多年的历史。

考古发现最早的简册出自战国早期的曾侯乙墓。简册使用至少近两千年，一直到晋代以后才彻底被纸所替代，正式退出记录汉字的历史舞台。

二、商人疯狂占卜祭祀，并大量使用甲骨记录卜辞，只在晚商。当时商人或许已经意识到甲骨材质的耐久性特点，抑或以甲骨记录卜辞可以更好地表达对先祖神灵的敬意。有一个现象值得注意，似乎商朝越强大，商王和贵族们就越缺乏安全感，越要以更加狂飙和血腥的方式讨好祖先神灵。从考古资料来看，早商和中商的祭祀活动要清淡得多。真相果真如此？商朝屡次迁都，郑州商城又被新城所覆盖，不知因此散佚和掩盖了多少历史真相。

三、从文字学的角度分析,一种成熟的文字不可能一夜之间从天而降。合理的推测是,早商甚至先商时代,商先民们已以他们的文字在简册上记录他们的生活了。或许,商代辩证法哲学著作《归藏》就是这样完成的。文字的成熟期至少可以上推到商代早期,即公元前 1600 年以前。

万能的甲骨之「点」

"点"的本质就是"小"和"少"。可是在甲骨文中的应用一点不小，也不少。其内容细密，尽显古人智慧。它既可以表示可视的细小事物，比如：水滴、血滴、酒滴、汗滴、油滴、口水、盐巴、米粒、沙粒、土屑、屎尿、颜色、谷皮、须毛、火焰、光晕。也可以表示听觉、味觉、感觉所及的事物，比如：声音、气流、香味，甚至某种运动趋势，只有心理才能预感到的东西。如此丰富的表现是甲骨文一大特点。

1. 水滴。比如：雨、益、泳、盥、河、沐、浴（温）、涂、汝、潭、洹、洋、沚、盗。

2. 血滴。祭、血、几、毓（育）。

3. 酒滴。酒、酉、爵、配。

4. 汗滴。疒、疫。

5. 油滴。油。

6. 口水。次（涎）、盗。

7. 盐巴。卤。

8. 米粒。米、蒸、斗。

9. 沙粒。隙。

10. 土屑。徒、㡭（陷）、埋、勿、震、振、霾。

11. 屎尿。屎、尿。

12. 颜色。丹。

13. 谷皮。康（糠）。

14. 须毛。鼠、魃（魅）、肆。

15. 布屑丝绪。敝、带、率。

16. 声音。彭、市。

17. 气流。兮、息、乎（呼）。

18. 香气。香、食、皀。

19. 焰火。火、烈、尞（燎）、炏、熹（熺）、炎。

20. 庄稼。周、畜。

21. 某种运动状态。耑（端）、突。

埋

康

烈

-179-

"四灵"原形

龟

龟

麟

麤

古人将圣兽：龟、麒麟、凤凰、龙并称为"四灵"。而只有"龟"的存在于现实生活中，"龟"的甲骨文字完全象形，或俯视或侧视，仅此区别。其他三种圣兽只藏在神话传说中，它们是否真实存在过，又分别指代什么动物？

传说中的麒麟，形似鹿，体积较大，牛尾，马蹄，头上有独角，是神的坐骑。留欧实力派年轻学者罗三洋在他的那本环境考古学著作《我们从哪里来》中，引述了古生物学家的研究成果，认为麒麟就是史前灭绝了的"大角鹿"。大角鹿一直是优势植食动物，史前华北和东北的古人类都以大角鹿为主要食物，可以说，是大角鹿用自己的生命奠定了中华民族的生存基础。化石显示，中国大角鹿一直生存到1.16万年前的"新仙女木"事件结束之后不久。对于麒麟的崇拜，或许是人类对大角鹿的经济需求和内疚心理的反映。大角鹿到底是不是麒麟，甲骨文字可以佐证。

甲骨文的"麟"（麞）字有两形。一为象形字，活脱脱一个体形健硕几分威武的"鹿"的形象。一为形声字，"鹿"下一"文"字，"文"为"吝"之省，在此标声。可见"麟"本"鹿"属无疑。至于是否如许慎解释的"母鹿"，从字形上不好判断。

凤凰是仅次于麒麟的第二种圣兽，似乎是以孔雀为原型的，不过，先秦时期文物中的凤凰形象与孔雀相去甚远。《山海经》中多次提到凤凰，人食其蛋。《尚书》："箫韵九成，凤凰来仪。"大意是说，大禹治水成功，举行大典，《箫韶》乐舞演奏到最后一部分，竟然把凤凰招引而来。甲骨卜辞一例："呼鸣网，获凤。丙辰，获五。"大意是说，商王指派一位名叫鸣的大臣拉网捕鸟，获得了凤鸟。西周早期金文《中方鼎》有"中呼归生凤于王"句，生凤即活凤，意为凤凰从死亡中重生，回归王位。有学者认为，凤凰的原型其实是"鸵鸟"。化石显示，这种地球上最大的鸟类和麒麟（大角鹿）同为史前中国古人类的重要食物，且同样因为气候变冷而在中华板块上灭绝。现在我们看看甲骨文的"凤"字，视其形是否与鸵鸟有呼应关系，甲骨文"凤"字有两形。其一为象形字，高冠显

赫并作奔跑状；其二为形声字，鸟形右上方加一"凡"字，此标声。由形观之，鸵鸟并不生冠，孔雀才有。有学者认为，冠形实为外加的"辛"字，辛本刑刀，取以斧砍伐义，以示对这种猛兽进行镇服。聊备一说。试想，如果凤凰本为孔雀，又有何必要将其神话化。

先秦文献中，有过"舜帝养龙""孔甲养龙"的记载。孔甲是夏代第14（16）任君主。这些"龙"近水而生，它们随着水势上涨而变得异常活跃，让先民们感到不安。先秦古籍中的"龙"，包括两类动物，即哺乳动物"龙马"，以及爬行动物"龙"。罗三洋借助专家的力量，从文献学、考古学、环境学、生物学等多个学科综合研判，认为"龙马"即是"爪兽"，其灭绝时间甚至比麒麟和凤凰还早。爬行动物"龙"即是圆鼻巨蜥一类本土"巨蜥"，它们是天生的军事家，足智凶猛，且唾液里含有数十种有毒细菌，华夏族既畏惧它，又敬佩它。可见"龙"是真实存在过的动物，若是虚构之物如何来养。只是早期人类出于某种认知和心理，将它神话化而已。

考古专家何驽将陶寺蟠龙纹陶盘，解读为"天鹅"与"赤练蛇"的复合体，并赋予它诸多人格化的品质，

契合了后世理解的华夏民族精神追求，但过度解析的痕迹太过明显。

因为鳄鱼形象颇似巨蜥，同样周身布满鳞片，于是有人将其含混为龙。蜥蜴养得，鳄鱼亦养得，未尝不可。

现在，我们回过头来看看甲骨文中的"龙"字。

龙的形象，大嘴高冠，其身体以一线带过，这是典型的突出特性的局部放大造字法，将爬行动物竖立起来，完全是为了书写和契刻的方便，亦如"马""象"之形。分析此形是巨蜥还是鳄鱼，二者皆有可能。总之，龙不是虚幻的形象，而是真实的存在。

接下来会有如凤凰一样的疑问，无论是巨蜥还是鳄鱼头顶本无冠，此冠何来？本书以为，以冠饰装扮龙头，强化龙的威猛和高大。试举例说明。

甲骨文的"虎"字，其造字之法同样反映了古人对虎的敬畏心理，早期象形字特意增加冠饰。观虎之形，由繁而简，由图画性向抽象性过渡，简约了身体，突出了血盆大口和獠牙，颇有虎吼雷鸣马啸啸那样的壮烈景象。甲骨文"妾"字，一头顶斧钺的女子，理解她为戴罪女奴，并无障碍。可是，甲骨文的"仆"字，一头顶

童

斧钺，身穿"燕尾服"，手捧箕盘辛勤劳作的侧立之人的形象，未必都是"服刑人员"，这很可能是这一职业阶层的人的标志性的"工作服"。商王贵族府上的仆人未必都是罪奴，亦有平民的存在。还有甲骨文的"童"字，一定要解释为眼睛被刺的人的形象，释为有罪之人，也让人心生疑窦，为什么不可以是头戴装饰物的可爱的孩童形象呢。

陶寺·蟠龙纹彩绘陶盘
蟠龙头有两角，口中有两排牙齿，衔着一根枝杈状物体，尾部模糊，身上呈现两排鳞纹。

何以"字有所源"

古文字是"稀缺资源",从事古文字书法艺术的同道都会为"字不敷用"而犯愁,甲骨文书法篆刻艺术尤其如此。如何做到"字有所源",的确是一个严肃的学术问题,又是一个是否谙熟"小学"(文字学、训诂学、音韵学)的技术活。

究其根本,中国书法就是以毛笔(硬笔、刀笔)书写(契刻)汉字的艺术。如果汉字出错,便输在了起点上。一是甲骨文虽然已是相对系统化的成熟文字,但一字多形、结构多变的现象仍比较普遍,需要使用者掌握的信息量很大。二是甲骨文目前可识者不到2000字,其中不少属于远离现代语境的"僻字"和"死字",即便专家已释,创作中也很少用到,何况不少字学术界仍有争论。"识不敷用"是普遍现象,如何解决这一难题,本书以为有两条路径可以尝试:一是内挖潜力,二是外求支援。内挖潜力指的是对专家已释甲骨文字资源做深入挖掘,使其使用效能最大化。外求支援指的是当甲骨文字内循环乏力时,向后起古文字求援。

一、内挖潜力

1.甲骨文中常有某字为某字的"初文""本字""古字"。当某字没有时就可以设法追寻其原始模样。

2. 甲骨文中有一批"相同字"，可以互联互通。所谓"相同"，指的是某字和某字古义、古音相同或相近。

3. 甲骨文中常有某字可以"假借"为某字的情形。包括两种情形：字音相同或相近（其音小变），字义相近或有联系（其义相受）。

4. 甲骨文中"某字通某字"的情形。所谓"通"，指的是两字的义音会有某种联系，未必密切，这是古人在字不够用时所采取的变通之法。以现代人的眼光看，大抵可以归于"别字"一类。使用既久，约定俗成。"通字"在甲骨文中数量庞大，从侧面反映出可识甲骨文字数量之少。

通过以上方法的组合使用，可使"甲骨舞池"的直径和面积扩大许多，够红舞鞋在那里飞旋一阵子。

二、外求支援

挖潜后的"甲骨舞池"仍显狭小时，只好借助后起字的外力。选字之法有两种。一是以甲骨文字为起点，以年代顺序由近及远、自上而下延伸，即优先选用西周文字，其次春秋战国文字，迫不得已到秦小篆那里寻求帮助。此法旨在追寻文字的天然连续性。二是根据创作需要，将所有古文字上下打通，灵活选用，不拘一格，以不出错为原则。如此用字法，利于创作，但未必属于甲骨艺术序列。

先周人在文化方面是落后于商人的。先周的文字以及占卜、祭祀、教育等方面，都是从商人那里学来的。周原袖珍甲骨里隐含了周家大院太多的秘密。周人被商王朝打压折磨既久，内心充满憎恨与恐惧，周文王密谋的翦商计划以极其隐晦的文字契刻于甲骨之上，这些文字和殷商甲骨一脉相承，以此补充甲骨字源，自当可信。

在甲骨文书法艺术创作过程中有几种现象值得注意。

一是选用前辈文字学家考释过和书法家书写过的文字需谨慎。第一代考释甲骨文字的筚路蓝缕者，所识之字，有的被新的学术研究成果所否定。早期的甲骨文书法只是极少数古文字学家和甲骨学家的"文人余事"，所用文字与当时的研究水平相吻合，疏失难免。最早将书法作品结集出版的是罗振玉（《集殷墟文字楹帖》）和董作宾（与汪怡合作《集契集》），最早以甲骨入印的是古文字学家王襄的弟弟王雪民。时光飞逝了百年，今天的习书者若是借用旧帖必须对文字细加甄别，否则容易出错。

二是以偏旁拼合的方式"造字"需谨慎。试举一例：甲骨文"闻"字，字形 ，一侧跪之人，竖起大耳朵，以手附耳谛听，一副聚精会神聆听的样子。本义：听到、听见。闻的商代金文字形略有改变 ，侧跪变侧立，增添头饰，将耳朵独立出来。西周金文沿袭商金文字形，变为 。春秋字形 ，从耳、从昏（昏声）。战国晚期讹变为耳在门内（门声） 之形。小篆将此定型。这就是"闻"字的源流演变过程。若以甲骨文的"门"字和"耳"字拼合，便造出一个闻字 。此法在万不得已时，仍需谨慎使用。

三是明晰甲骨文字"本义"很重要。这需要书法家储备一定的古文字学、历史学、文学和考古学方面的知识。专家考释一个字,必对其形、音、义全面考察,解读的每个字,必须做到在不同的刻辞文献中都能通读无误,方被认可。

试举两例:

"幸"字本为两字,"夻"(xìng)和"幸"(niè),汉字简化时合二为一。"夻",从夭、从屰,小篆字形夻。"夭"指夭折,"屰"指相反,两形相合,意为与"早死"相反,即免去早死之灾,得到意外平安,故有幸存、侥幸、庆幸之义,引申为快乐、高兴。"幸",甲骨文字形 ,像古刑具手铐或脚镣之形。卜辞用作动词执捕、钳制、夹取之义。甲骨文中与"幸"有关的字很多。比如桎(zhì) ,戴上脚镣。梏(gù) ,戴上手铐,与"择"(择)同形异字。執(执) ,像双手被戴上手铐,卜辞用作捕捉。報(报) ,像一人戴着手铐被他人压制之形。本义:判决罪人(押赴刑场)。圉(yǔ) ,像双手戴铐入狱之人,通"囹",卜辞作囹圄、监狱。釋(释) ,像双手解脱手铐,可理解为这位老兄刑满被释放。如果你写了一幅字,善意送福,却不慎用了"幸" ,岂不是给人家戴上了手铐或脚镣?!

甲骨文"圣"(kū)字,与甲骨文"聖"(圣)(shèng)字,完全是两码事。甲骨文圣(kū) ，像双手掘土形。本义：掘土。与"墾"（垦）同形异字。甲骨文"聖"（圣）(shèng) ，一人竖起耳朵聆听别人讲话。本义：听觉灵敏，引申为明达事理、成就极高的人，智慧的人。书法创作时，若圣（kū）、圣（shèng）两形相混，必是牛头不对马嘴。

此外，甲骨文中有一奇特现象——"同形异字"，即两字义音或相同或相近或不同，但字形却是一样的。使用时亦需知其形、明其义。

表1. 常用同形异字

萌—朝	蓐—農	升—必	德—循	足—正	厷（肱）—肘
隻（只）—獲（获）	岳—羔	贾—貯	每—晦—诲	旋—奔	彔—禄
乍—作	免—冕	后—毓	卿—飨	依—庇	狩—獸（兽）
侃—咏	落—露	雪—霸	掔—曼	母—毋	继—绝
杀—蔡	宜—俎				

附：甲骨文内循环相关文字

表2. 常用初文本字古字 [释例：禘或蒂的本字是帝]

禘（蒂）→帝	渌→彔	煌→皇	暮→莫	遂（suì）→㒸	犁→物
绍→召	肱→厷	斧→父	刘→乂	鼻→自	顧（顾）→雇

续表

援→爱	呼→乎	竿→于	溢→益	炷→主	勃悖→孛
捆→困	圓→员	籠(lóng)(笼)→龖	秫→术	膂→吕	荷→何
稱(称)→偁	倫(伦)→侖	廊→良	袒→但	挺→壬(tǐng)	聆→令
包→勹	陽(阳)→易	圂→豕	嗅→臭	爌(炕)→黄	粦→粦
腋→亦	蓝(xǔ)→沬	洲→州	栖→西	婼(chuò)→婡(lài)	儀(仪)→義
方→匚	虺(huǐ)→虫	坠→队	庐→六	切→七	疣→尤
顶→丁	蜃→辰	味→未	極(极)→亟	回→亘	

表3. 假借字 [释例：祈可假借为畿]

祈→畿	曾→增	介→界	竟→境	具→俱	牟→眉
右→又	为→伪	叔→少	敏→拇	离→劙羅(lí)	凤→风
菁→篝	盡(尽)→儘(仅)	堇→儘(仅)	俞→論(论)	來→釐赉(lài)	昔→昨
霸→伯	年→佞	壬→佞	寮→僚	伊→那	裘→求
考→拷	磬→骋	易→赐	象→像	燕→安	聽(听)→廳(厅)
聑(tiē)→贴	女→汝	媚→魅	戎→崇	戚→促	弘→宏
率→铎	才→在	陴(pí)→焷(bì)	己→给	配→妃	

表4. 相同字 [释例：屮与艸（草）为相同字]

屮＝艸（草）	若＝偌诺	烝＝蒸	薶＝埋	蒿＝薅（hāo）	少＝稍
告＝诰	唬＝嚇（吓）	前＝翦	遟＝遲（迟）	疋＝匹雅	屰（nì）＝戟
句＝勾钩	古＝故辜	誖（bèi）＝悖	弄＝挵衖	鞏＝龔（龚）	要＝腰
孚＝俘孵	鬥（斗）＝逗	卑＝俾庳（bēi）	画＝劃（划）	臤（qiān）＝賢（贤）	伇＝役
叀＝專專	叙＝序	庸＝佣	瞋＝瞬	翌＝翊翼	雇＝僱
隹＝崔惟	雚＝鸛	内＝纳	畐＝幅	啚＝圖（图）	嗇（啬）＝穑（穡）
來（来）＝徠（徕）	夌（líng）＝陵凌	嬰＝猱	枂（duò）＝舵	槃＝盤（盘）	羊＝详祥
芈＝咩	羴＝膻	爰（yuan）＝缓	冎（guǎ）＝剮（剐）	刞（qù）＝粗	廼＝乃
岬＝恤	霝＝零靈	仌＝冰	鱼＝渔	排＝俳	掔＝腕
扔＝仍	扡＝拖	姪＝侄	婀＝婐	妆＝装	毋＝无
鬼＝愧	幼（jiā）＝嘉	氒（jué）＝橛	肇＝肈	戜（hàn）＝捍	或＝國（国）
戠（zhí）＝埴	匄＝丐	匡＝筐框眶恇	彊＝疆强	糸（sī）＝絲（丝）	衿（jīn）＝衿
黿（zhū）＝蛛	畤＝侍酧筹	劦＝協（协）	鮒＝钓	新＝薪	斗＝陡
降＝详	四＝驷	宁＝贮伫	己＝纪	臾＝腴	尊＝遵撙
柄＝秉	枼（yè）＝葉	柩＝栻	敖＝熬嗷傲螯	圂（huàn）＝豢	昏＝婚
贪＝探	昌＝菖（chāng）猖	旋＝漩	娩＝睌	晶＝精	囚＝囦

续表

毌＝贯	朿＝刺	臽＝陷	耑＝端	倗＝朋	弔＝吊
仔＝崽	免＝娩	化＝花（花费）	并＝併並	襄＝攘	卒＝猝
见＝现	文＝纹	勺＝包抱	彲＝魅	厶＝私某	嵒＝岩
厂（ān）＝庵	冄＝冉	𤉎（zhí）＝挚	麤＝粗	熹＝熺	矢＝側
炘＝欣	念＝廿	沮＝阻	潭＝浔	汘＝泗	寖＝浸寝
潦＝涝	沈＝沉	汏（tài）＝汰	湌＝餐	漫（màn）＝漫	泊＝薄

表5.相通字［释例：旁通傍谤］

旁＆傍谤	帝＆谛	祈＆祁	王＆旺	皇＆遑惶迋凰况（况）	气＆乞
中＆仲	兹＆滋	弗＆拂绋勃字	蓐＆褥	莫＆膜漠幕慕谟	少＆小
分＆纷	曾＆層	介＆芥個(个)	公＆翁功	番＆蕃藩	牟＆眸侔鍪
牲＆腥	名＆明	命＆盟名	闻＆问	左＆佐	右＆佑侑
前＆箭翦	历＆鬲枥	步＆埠	正＆政征证整	遐＆沓	遘＆構（构）
冓＆構溝	逢＆烽豐(丰)	還（还）＆環（环）营旋	镮＆環（环）	遼（辽）＆僚	德＆得
复＆複覆	循＆巡揗	建＆健	册＆策	嗣＆司	商＆章
十＆什	千＆阡	博＆搏	信＆讯	童＆瞳	炘＆欣
共＆恭宫供	丞＆拯承	龚＆恭	異＆异	要＆邀徼约	革＆勒

续表

鬲 & 隔膈槅	孚 & 稃付浮	为 & 谓	孰 & 熟	父 & 甫捕	甫 & 父圃
曼 & 蔓蛮	秉 & 柄稟	反 & 返贩翻	叔 & 菽	取 & 娶聚趣	彗 & 慧
画 & 化	臧 & 藏臟(脏)	杀 & 弑	尃 & 敷	徹（彻）& 撤	效 & 校
更 & 梗	籹 & 弭	敉 & 剔	攻 & 功	庸 & 墉廊镛	尔 & 迩耳
皆 & 偕	离 & 缡螭樆丽俪	雍 & 雝邕	旧 & 丘	善 & 缮	霍 & 藿
集 & 辑	爯 & 稱(称)	幽 & 黝	受 & 授	枚 & 散	刀 & 舠
利 & 痢	制 & 质	刃 & 切韧	韧 & 契	秸 & 藉	解 & 懈
其 & 萁期岂	工 & 功	丂 & 巧	于 & 竽	彭 & 澎旁	虍 & 虞
虐 & 谑	盧（卢）& 廬（庐）颅	盖 & 闔（阖）盍害	去 & 驱怯	爵 & 雀	飤 & 食
食(sì)& 蚀饲	养 & 痒	飨 & 享	合 & 盒	今 & 金	会 & 绘
仓 & 苍沧怆	矢 & 屎誓施	高 & 膏郊	央 & 殃	郭 & 廓椁	京 & 鲸
良 & 谅埌	啚(bǐ)& 鄙	复 & 複覆	夏 & 厦	韦 & 围	弟 & 悌
夆 & 逢	李 & 理	柳 & 瘤	桐 & 僮	果 & 裸裹	格 & 骼荅落
槀 & 考犒篙	盤（盘）& 槃磐蟠	采 & 綵	休 & 煦	才 & 材	帀（zā）& 匝
生 & 牲	丰 & 风	橐(tuó)& 托	赏 & 尚	贮 & 佇	宾 & 傧
赊 & 奢	贾 & 價（价）	朋 & 崩	邑 & 悒	时 & 是伺	昔 & 夕错（粗磨石）
旅 & 膂	娩 & 滇	明 & 盛盟名	囟 & 焖	夕 & 汐	冊 & 弯

续表

栗&慄历裂溧	齐&脐斋剂跻粢	克&尅	彔(录)&碌	穆&睦默	術(术)&述
穫(获)&檴	秦&螓	舂&冲	兇(凶)&讻	家&稼	宣&瑄
宜&仪谊	宵&绡	宿&夙肃	宫&躬宫	吕&膂	疾&嫉
置&植	人&仁	保&緥堡宝	伯&百霸	伊&繄	佝&殉徇
何&诃呵	備(备)&惫	依&隐	作&诅	侵&寝	任&妊壬能
侮&捂	伏&服	弔(吊)&掉	免&俛勉	疑&擬(拟)凝	從(从)&縱(纵)踪
并&摒	比&庀	北&背	丘&区巨	望&方	重&動(动)
量&緉	监&鉴	般&搬班磐	服&负覆箙鵩	方&放仿谤旁	兑(duì)&锐悦
视&示	观&劝鹳	顺&训慎	面&动偭	须&需	文&紊
髦&牦旄	令&鸰瓴	卿&庆	旬&徇均	畏&隈	密&谧默
庭&廷	广&旷	石&硕	磬&罄	豸&解(xiè)	易&埸
骊&丽	鹿&麓簏	麋&眉湄	麇&群	龙&庞	狂&诳往
猶(犹)&猷	鼠&癙	熊&雄	烈&列疠	焦&憔	光&广
赤&尺	夹&铗狭	夸&誇跨侉姱	夷&怡痍余	吴&娱	夭&杳
交&姣狡	壶&瓠	幸&倖	圉&御	报&赴	亢&抗
夫&趺复	立&粒位莅	并&屏摒	替&屈	息&熄	庆&卿
懋&贸茂	温&蕴	衍&演延	况&贶	沖(冲)&盅童	滋&孳

-194-

续表

沈 & 沖	沬(mèi) & 昧	涉 & 喋	谷 & 穀鞠	川 & 汆	永 & 咏
冬 & 终	雷 & 櫑擂	汰 & 泰	露 & 路	燕 & 宴	龙 & 垄宠龙
非 & 诽避	不 & 丕	卤 & 橹虏掳	阁 & 阁	耳 & 佴	闻 & 问
扶 & 辅浮抚	挚 & 贽鸷	搏 & 拍	择 & 殬	掔 & 牵	母 & 姆
妹 & 昧	振 & 震赈	委 & 萎逶	嫔 & 缤	婴 & 撄	妥 & 堕
弗 & 沸怫	氏 & 是	或 & 惑	武 & 舞	戚 & 慽	义 & 议
直 & 特	亡 & 忘无毋	匚 & 筐	疆(jiàng) & 繈	孙 & 逊	绿(lù) & 菉
率 & 帅	虹 & 讧	蛊 & 故痼	风 & 凡放讽疯	龟(jūn) & 皲	基 & 赍(jī)
塞 & 僿	垂 & 陲	田 & 佃畋	畯 & 俊峻	畜 & 蓄憷	易 & 锡赐
斗 & 抖	舆 & 昇	官 & 馆管	陵 & 凌	陆 & 碌陆房	阳(陽) & 旸 佯扬
队 & 隧	亚 & 压	五 & 伍	九 & 久勼	禽 & 擒	甲 & 狎
庚 & 更	子 & 慈	羞 & 馐	辰 & 晨	午 & 忤迕	申 & 伸呻

以几何视野看甲骨

四大文明古国的文字都经历了图画文字阶段，也都由于种种原因出现了分野，或意音或拼音，或存续或消亡。中国文字始终如一地保持了意音文字本色，后来者研究古人造字之法，将其归纳为"六书"（实为四法两用），成为考释未解文字的一把钥匙，成为后世造字的重要方法。

如果我们以几何视野分析和看待甲骨文字，会得出什么结论，以及这一结论对未来甲骨学研究有何参考意义，是本文关注和讨论的话题。多年来，我每每翻阅甲骨文字典，看到每一个甲骨文字形，对照释文，脑海里总会将每个语素及其相互关系置于立体几何的视野中加以对比和审视，久而久之，我颇有心得。就专家已释的甲骨文字形来看，主要运

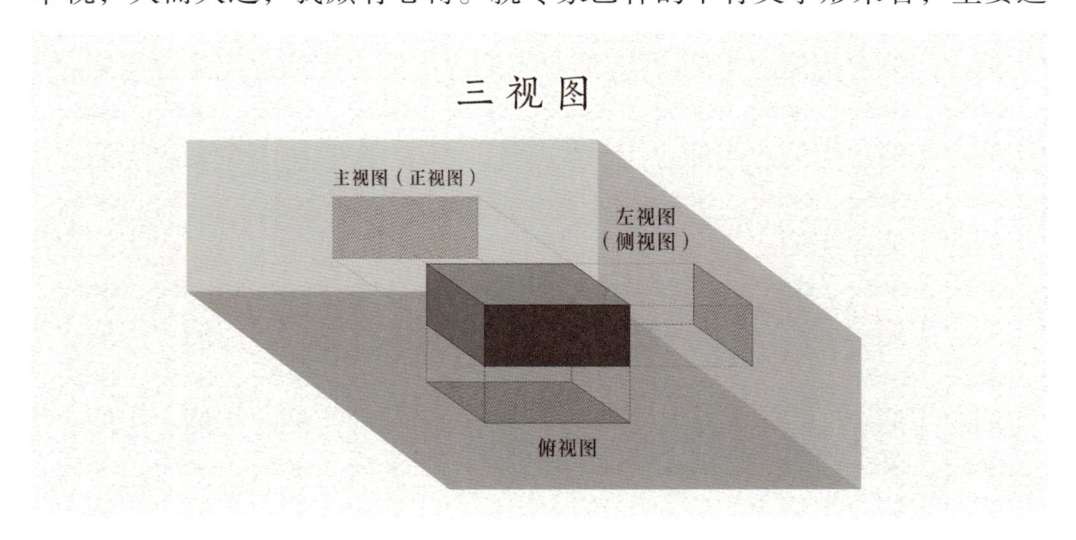

三视图

主视图（正视图）
左视图（侧视图）
俯视图

用了单视图、双视图和局部放大图原理，至今尚未发现三视图并用一字的字例。

需要说明的是，对于某一个字的零部件（字素）的图像审视，不必刻意规定主视、侧视或者俯视的方向，而是需要按照生活常识，重点观察一个字零部件之间的相互关系。若投影处在一个平面上，不管字形是繁是简都归于"单视图"，否则就是"双视图"。古人描摹事物尤其善于抓住最显著的特征加以强化，于是出现了局部放大图的造字法。

一、单视图应用举例

亚 ▦，四向房屋相连的样子。本义：宫室。从几何角度看，是宫室建筑自上而下俯视的图形。

六 ⋀，像野外临时搭建的棚子，"庐"之初文。其形为侧视的棚子的形象。

兴 ▦，上面一双手，下面一双手，共抬一件器物，其下之"口"指代器物的底座。另释为四角各有一手，共同抬起一盘状物，盘下之"口"为众人共同用力时呼喊的口号。本义：举起。四手、器物、底座，都是自上而下俯视相看所呈现的图形。

戴 ▦，一个正面站立的人，双手举戴之状。本义：穿戴。后加声符"戈"。从视图角度分析，人身、双手、头饰，都是正面主视的形象，所有零件都处在一个平面上。

凤 [图]，前者是侧视的"凤"的形象，后者在"凤"形右上角加"凡"，在此标声，可见，凤可以是象形字，也可以是形声字。"凡"是碟子侧视的形象（正视则为圆形）。说明"凤"和"凡"均为侧视且处在同一个平面上。

娥 [图]，从女、我声。"女"是侧身跪坐的女人，"我"是带锯齿的竖起的兵器。"女""我"同处在一个平面。

二、双视图应用举例

双视图在甲骨文字形中的应用，可分为主侧组合、主俯组合、侧俯组合三种情况。

1. 主侧组合

葬 [图]，棺木（口）里放着一张床（爿、片），床上躺着一个死人。本义：死人。按照生活常识，棺木的方口形状是自上而下俯视看到的样子，而死人和床榻则是侧视看到的样子。若是俯视，将看到的是死人正面形象，也不可能看到床腿。

夬（guài）[图]，右手拇指上所戴的玉玦，圆环形，叫"扳指"，用于射箭时钩弦护指。注意，甲骨文夬中，右手是侧视形，而扳指是正视形，若是与右手一同侧视，将看到的是长方形的玉面。所以是主侧组合。

皮 [图]，正面展开的一张兽皮，右上角是一只侧视形的手。本义：揭皮。兽皮和右手，一正一侧，双视图的组合。

2. 主俯组合

甫 [字形]，由"田"和"草"组成，表示田间生长的禾苗。田的形状是俯视的效果，而草（禾苗）是主视（或侧视）的效果，两个部分的图像呈现不在一个平面上。

画 [字形]，手持笔（聿）画出下面双"S"交叉图形。本义：刻画。手持笔是正视形象，而下面的图画是俯视效果，如果是正视则看不到图画。

员（圆）[字形]，上为"圆圈"，下为"鼎"，意思是说鼎的上口是圆的。本义：圆。从鼎的竖立形象来看显然是主视图，从这个视角是看不到鼎口的，只有自上而下俯视方能看见。所以说是主俯视图的结合。

因 [字形]，将"人"困在"围栏"里。本义：囚禁。方口围栏显然是自上而下的俯视效果，而中间的"人"是正面站立着的，是目光平视（正视）的效果。故此字为主俯视图的结合。

3. 侧俯组合

囚 [字形]，在方形围栏里，困着一个侧身站立的"人"。此人被囚禁了，失去了自由。方形围栏是俯视图，人是侧视图。

雝（雍）[字形]，由"隹"[字形]和"邕"[字形]构成，此"隹"指鹡鸰鸟，"邕"指四边环水的都邑。合形意为站在宫城上的鹡鸰鸟。显而易见，鹡鸰鸟是侧视图，宫城是俯视图。

避 [字形]，由彳、人、辛组成，"彳"表示路口，"辛"代表斧钺类兵器。

三形组合。本义：一个受刑的人（罪人）正走在（服刑的）路上。"彳"是俯视十字路口的样子，"人"和"辛"都是侧视的图形。

逐，上面是鹿、犬、豕、马、兕等动物，下面是人的脚趾，表示人在追赶动物。从视图角度分析，所有动物均为侧视图，人的脚趾为俯视图。是俯侧的结合。

三、局部放大图应用举例

虎，可以是侧视的全虎，也可以是放大虎头虎牙而简约虎身的虎。

媚，一侧身跪坐的女子，放大其目以代其"头"，且眉毛之长尤为醒目。以此表示女子眉目清秀。

闻，一个侧身跪坐的人，附手于耳，张嘴细听（外部声音）。此字将耳朵刻画得尤其夸张，突出耳朵在听闻中的重要作用。

龙，象形字。以夸张的笔法描摹龙头龙嘴，而将龙身一笔带过，以此凸显龙的神圣与智慧。

羊，一只羊仅以羊头表示，且羊头极其简约，特别放大羊角，突出羊的辨识度。

牡，本义是指雄性动物，此以"豕"形表示，也可以是牛、羊、鹿、犬等其他动物。此字特意将雄性生殖器（丄）单列并放大，强调雄性。

慶（庆），从心、从鹿。会意：你家有喜事，我诚心以鹿相赠，表示祝贺。本义：以鹿奉人。任何动物都不可能将"心"长在体外，此字将心单列并放大，强调"诚心"。

哭，一个侧身站立的人，看不见头，看到的只有蓬乱高耸的头发和两张大嘴。这是一个人捶胸顿足、号啕大哭的形象。本义：哀号。夸张的头发和两个大口都在强调痛哭的程度。

此外，有些字既可以理解为单视图，也可以理解为双视图。比如莽。由"犬"和三"木"组成，表示狗闯入草木丛中迷失了方向。本义：鲁莽。三木为森，其形象一定是正面看过去的样子，所谓正视图。而狗则不一定，狗在草木丛中，顺着看木的方向看过去，可能看到狗的头和腿，也可能看到狗的侧身，与狗所站立的方向有关。因此，甲骨文"莽"的字形，既可以视为单视图，也可以视为双视图。

古人为了表达每个字中的情感因素，常有天才般智慧的想象。比如达，由彳、人、趾三部分组成，表示人在路上行走，顺畅通达。本义：通达。古人为了夸张顺畅通达的程度，将正面站立的人放倒，做出飞翔的姿态，仿佛道路通畅到可以起飞的程度，字形因而变为，妙趣横生。从视图的角度分析，达字为主俯视图的结合。

我们都记得几何学之父欧几里得和他的鸿著《几何原本》。

出生于雅典的欧几里得（前325—前265年），从小喜欢数学，他用毕生精力学习研究几何学，形成前后连贯的知识体系，最终完成了历史上最成功的教科书《几何原本》（15卷）。这套书囊括了几何学从公元前7世纪到公元前4世纪,前后400年的数学发展成就。明朝末年,意大利传教士利玛窦将《几何原本》传入中国,中国数学家徐光启将前6卷平面几何部分翻译成中文,后9卷由清代数学家翻译完成。在一般人的眼里,几何学的摇篮在地中海沿岸。可是,我们通过对甲骨文字构形的几何学分析,发现在3000多年前,中国人已经能够熟练地运用几何学中的三视图原理了。更为奇妙的是,距今8000—4800年的甘肃省大地湾遗址,发现了一批陶器,其容积成整倍数增加。成书于公元前1世纪的《周髀》对勾股之学已有深刻认识。

中国古人认为,美在多样经验与实践的积累方面,是案例式的,百科全书式的,没有西方规律、规则的抽象和演绎,没有条分缕析式的理论分析。虽然,商代先民们没有撰写出如欧几里得那样的鸿篇巨著,但从熟练运用的程度来看,商人的智慧要比欧洲人至少超前7个世纪。

源流与得失

甲骨文是用于占卜和记录商代时事和王室生活的文字，自然成为研究商代历史的宝贵资料，它证实了商朝的存在，并从中找到了失落已久的中华历史年表。相比之下，夏代的"痛点"恰在于此，因为至今未能找到具有说服力的文字，虽然，我们从情感上很愿意认为二里头就是夏都，可是，这种意愿是苍白而缺乏佐证的，至少目前如此。

甲骨文上承原始的刻画符号，下启西周的青铜铭文，是汉字经过长期孕育、发展走向成熟的关键形态。甲骨文是表意文字，字里行间都承载着丰富的历史信息，对于追溯汉字之源、研究汉字流变意义深远。以往古文字研究主要依据历史文献、考古发现、商周青铜铭文和《说文解字》等信息加以论证。商代青铜铭文字数很少，可供研究的信息极其有限。《说文解字》是最早系统分析汉字字形和考究字源的辞书，一向被学界奉为圭臬。可是大家都知道，许慎生活的年代晚于殷商千余年，没有证据可以证明许慎生前见识过甲骨文并做过深入研究。事实上，他的许多解字未抵字源，有的并非本义，疏失不少。比如："王，天下所归往也。""五，阴阳在天地间交午也。""告，牛触人，角箸横木，所以告人也。"这样的解释，既未揭示古人造字本心，也与今人生活不能密合，在旋绕中给读者喷出一股烟雾。甲骨文的出现，复原了古人造字的原初设想，从而纠正了许慎说解中的疏谬。

甲骨文书法是汉字书法艺术的源头。与甲骨文相伴的还有大量的商代简牍文字，其年代肯定比甲骨早得多。作为书刻者的贞人、巫觋、史官，都是商王朝最有文化的人，同时也是顶级的书法家，他们的艺术实践，开启了中国书法与篆刻艺术的先河。甲骨文字的终极文化意义，在于不断提升汉字使用者的文字感受能力、立体想象能力和艺术创新能力。事实证明，越熟悉古文字，艺术创作越有底气。

纵观中国文字史，汉字经历了一个不断被抽象化、线条化、标准化、形声化、简约化的过程，以适应便捷书写、记录生活的需要。隶变是汉字第一次大规模的简化运动：解散篆体，改曲为直，继而笔画省并，偏旁变形、混同。隶变之后，汉字的符号性变强，象形性减弱。表意文字的一大特点，即笔画越减损，字形越变异，距离文字"原貌"越远，尤其同音替代字，比如：後与后、醜与丑、姦与奸、面与麵、裏与里，它们本是形义完全不同的两个字。如何解决繁简字的矛盾，有专家建议：完善简化规则，繁简协同使用。这一建议可以很好地满足时代对于实用和艺术的不同诉求，保障古文字薪火代代相传、生生不息。

文字游戏

如果你抱着"游戏"的轻松心态亲近甲骨文字，有时会有快乐的回报。多年来，我常远游夏商，在历史天空下，在先秦审美思想的指引下，仰望甲骨，在不断的条分缕析和排列组合中感受远古先民们的智慧与才思，时有如沐春风、如饮甘霖之感。我常常会独自发问：今人与古人相比，谁更聪明？本文"以形论事"，和大家一起做一次"文字游戏"。

一、一组古今相同字

且 𠄔，男性生殖器。或释为宗庙中的神主牌位（灵牌）。

王 𠀘，一释：会意一正立之人顶天立地，一副威武形象。二释：像一柄斧头侧面之形，预示至尊王者有斩伐一切的权威。本义：最高统治者。后世赋予新解：三横代表天、地、人，一竖为上下贯通，表示天下皆归"王"。

中 𠁱，指一面竖立的旗帜的"中间"。

八 ⺀，两物相背分开的样子。

分 𠚣，用刀将物体一分为二。

公 𠙻，从八、从口。"八"指平分，"口"指城邑。会意：人之所以聚集居住，在于共同信守中正规则。或释为以口分说、说理、言判。本义：公平。"公"亦通"翁"。

-205-

向 ⌂，房屋朝北面的窗户。

吝 ，从口、文声，本义：吝啬。卜辞用于地名。

各 ，像脚朝穴内走去，会人从外面进屋之意。本义：（进来的）来。"各"与"出"相对，"各"与"格"同形。

止 ，像脚的样子。是"趾"的本字。

行 ，十字形交通大道。引申：行走。卜辞用作行进、人名。

品 ，"口"为容器。会意：盛装祭品以献神祖。祭品档次有高下之分，后世遂引申为官吏之级别。

反 ，从手、从厂（山崖）。本义：攀缘。

卜 ，甲骨被灼烧后裂出的纵横纹。古人视兆以判吉凶。卜辞用预测义，亦用作官职名。

爻 ，相交之义。卜辞与"学"相同。

可 ，像气流屈曲而出的样子，或作张口怒吼状。《说文》："可，肯也。从口、从丂，丂亦声。"本义：许可。卜辞用作肯、可以，亦用作地名。似为"歌"之初文。通"呵""诃"。

于 ，吹奏乐器竽形，"竽"之初文。

井 ，井口之形。四木交搭的井口围栏。卜辞用于

人名、地名、方国名。相传古制八家为一井。引申：人口聚集地、乡里、家宅。

因 [字形]，从口、从大，像人困在围栏里。会意字。本义：囚。训为：依靠、凭借。引申：原因。一解为人躺在席上。

囡 [字形]，从囗（wéi）（古"围"字）、从女，会意字，像襁褓中的女婴。本义：女婴。泛指小孩。江浙沪一带方言对小女孩昵称囡囡。

困 [字形]，本义：门槛，是"梱"的本字。一解为废弃的房屋。

日 [字形]，象形字，太阳。

晶 [字形]，像三颗星星相聚之形。三者为多。本义：星。通"精"。

月 [字形]，象形字，月亮。

明 [字形]，日光和月光同样明亮。本义：日月交辉而大放光芒。

多 [字形]，二肉叠加。本义：重复、众多。古代祭祀后要分胙（zuò）肉，两块肉者为"多"。训为：重、赞许。

宗 [字形]，像设有祖先牌位的房屋，本指祭祀先祖的场所，即宗庙。

宫 [字形]，像穴居的窑洞里，有彼此连通的小窟。古代对房屋、居室的通称。

吕 [字形]，像熔成块状的两块金属（青铜），应是"铝"的本字。一解为像两块脊椎骨相连的样子。本义：脊骨。

同 [字形]，从凡、从口。本义：合会。一说像四人抬东西，用同一口令

协调行动。

网 ⊠，用绳线编织而成的捕鱼工具。渔网。

帛 帛，从巾、从白，白亦声，白色的丝织品。

方 才，古代双尖耒（翻土农具）。通：放、仿、房、谤、旁。

文 文，正面站立的人，其胸前有文身贴身图案（此形省略），是"纹"的本字。

山 山，山峰并立的样子。

炎 炎，从二火。本义：火光上升。泛指焚烧。

云 云，从"上"、从"云朵"（翻卷形）。会意：天上的云朵。本义：云。后加"雨"头 作"雲"。卜辞作云雨之云、多彩之云。

乂 乂，像一种刀形工具，是"刈"的本字。

弗 弗，用绳子捆扎双物。本义：矫正。

區 區，将众物藏于曲形器中。本义：隐藏。一说将器物（陶器）放置在特定地方。本义：区域。

匚（fāng）匚，古代一种盛放东西的方形器物，此为方形器之侧面形象。

田 田，像阡陌纵横或沟浍四通的一块块农田。

己 己，像丝的形状，是"纪"的本字。一说像弋射时绑在箭、石上的丝线。

二、一组同形并置字

奻（nuán），同向之两女。本义：争吵，争辩。女人天生心思缜密，意见不同者，易有争吵。在姬妾制度下，二女同侍一夫，争宠不和者多。

孖（zī），本义：双生子。

玨（jué），像两串玉合并形。古时作信物、佩饰之用。

沝（zhuǐ），二水并置，比喻大水。读[zǐ]时，释义滩碛聚集的地方。

竝（bìng），二人并立的样子。本义：并列、排列。后被并替代，已不常用。

麸（bàn），二夫并列。夫，像头发插簪之正面人形。古童子披发，成人束发戴簪。男子戴簪，示为丈夫。卜辞中麸、竝、夶（bǐ）同义。

赑（fú），从二"反"，卜辞疑为"反"之异文。祭祀人牲，地位同牛羊。反（fú），像以手压制一跪地之人，是"服"之本字。

棘（cáo），从二朿（东），像两个两端开口的袋子，本义为同辈、同类。为曹（曹）之初文。

䀠（jù），商金文字形，像侧跪之人睁大双眼，左顾右看，以示惊惧。当为"瞿""惧"之本字。商代金文假借为国族名。

龘（dá）🐉，像两龙背飞形，其貌"威灵盛赫，见者气夺"。本义：飞龙。

网（liǎng）🔣，二鬲并置，示意一对，为"兩"之初文。简化为"两"。

豩（bīn）🔣，从二豕，或从三豕🔣。本义：众猪追逐嬉闹，谓之"豕乱群"。"豳"由"豩"出。豳作古地名，今陕西省彬州市，当地多山，山上野猪（豕）多，故称豩山。周时曾建诸侯城邑，因山而名。

耵（tiē）🔣，像人左右两耳并列之形，有并列、静听之意，以示安静。假借为帖（tiē），双耳在人头上，妥帖之至。卜辞用于地名。

耒（xié）🔣，二耒相并（耒为木叉形农具），当与"劦"🔣 同，会齐心协力之意。卜辞中用作人名、祭名。"劦"为"協"之本字，加"十"，示意满数、满足、到达顶点。简化为"协"。

一位大学教授曾问我,甲骨文是书法吗?文字和书法是两个类属的概念,当然不能混同。我理解教授的意思,他疑惑甲骨刻辞从"法书"的角度考量是否具有艺术性,同时对我长期执着于此表示担忧:是否有这个必要?

我们应如何看待甲骨刻辞的书法艺术成就?

商人制作卜辞的方法有两种,一是先书后刻,一是直接契刻。二者的区别类似于后世篆刻起稿与否。在甲骨刻辞之前,商人早已广泛地使用了毛笔、简牍这样的书写材料,形成了较为完整的记事方式,甚至先商时代已如此。3000多年前的贞人、书手用软笔书写的字迹,至今仍存留在甲骨之上(漏刻之字和漏刻的笔画)。这些贞人和刻手都是当时一流的文人和书法家,他们契刻的"蓝本"正是先辈们长期积累的书法"经验"的聚合。人们常说:印追秦汉。那么秦汉之上怎么办?有两周。两周之上怎么办?还有殷商。从这点看,中国印史的源头在殷商。

试以书法"三要素":笔法、字法和章法,讨论甲骨刻辞。

甲骨文是相对成熟的体系化文字,是形、音、义兼备的意音文字,虽然有一字多形和偏旁位移,图画性与抽象性同在,象形字与形声字并

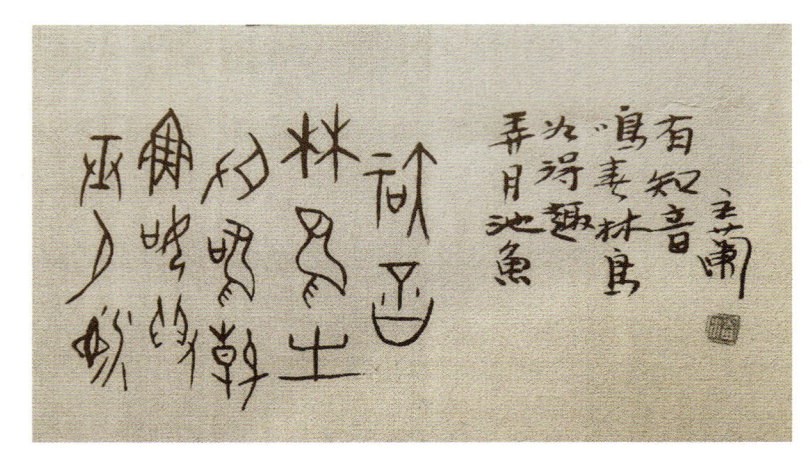

存的现象。在甲骨上，书随文、体随字、势随形，每个字会有大小欹斜之变，会呈现三角形、梯形、菱形、矩

潘主兰书法作品
释文（自左向右）：弄月池鱼如得趣，鸣春林鸟有知音。
（本书注："池"为小篆字形，作甲骨化处理。"趣"通"取"。）

形或不规则图形等多种形态，但字法要素是稳定的，表情达意是准确的。同时，均衡、对称等原始美学观念已然得到充分体现。

今人可窥见的甲骨文的"笔法"，一是残留在甲骨上的书迹，二是刀法（透过刀法看笔法）痕迹。甲骨文的笔画由点、线、弧组成。有人说甲骨文没有弧线，那是对甲骨的无知。古人表现弧线的方法有两种，一是刻刀且行且改变方向，从而形成一道顺溜的弧线。一是将一段长弧线分解为若干短直线，然后搭接而成。甲骨之"点"可视为最短的直线，情态万端。任何一个笔画，都会有入刀、行刀和收刀三个基本步骤。如果单刀直入，一冲而过，其力度节奏应是轻、重、轻，其形态呈现尖、宽、尖，形成所谓的"柳叶状"线条。如果据此认为甲骨的线条千篇一律，同样是对甲骨的无知。古人用刀非常丰富，单刀、双刀、冲法、切法、复刀、补刀，都会用到。放大的甲骨刀痕：起笔有尖有圆有方，行笔有中有侧，搭接处有粗有细，收笔处有尖亦有撇捺。以后世的笔法概念评判，可谓篆、隶、楷笔法兼有，"碑"与"帖"同在。全面了解甲骨"笔法"，就不会为偏狭所囿固。

卜辞的章法来自先民们长期对于简牍自然纹理认知和使用的经验。竹木条形修长的形制引导着古人竖写，一行字写过，左右两边木纹线变成了"界格"。若是奏刀契刻，依顺纹路要比垂直于纹路来得轻松，这就是先民们将"马""象"这样修长的字竖写（刻）的原因。久而久之，形成了竖有行、横无列的章法格局。某一天，商人将此法挪移到甲骨上，同样得心应手。卜辞有叙、命、占、验辞之分，依时间前后，或竖行左行，或竖行右行，最终在甲骨上形成不同方位的块面，块面之间内容关联，形式呼应，构成有机整体，这就是卜辞的章法。

就艺术风貌而言，董作宾将殷商甲骨划分为五期：雄伟、谨饬、颓靡、劲峭、严整。仔细观察上乘刻辞，字有大小，参差错落，彼此呼应，形神兼备，展示了中国书法艺术的可塑性和浮雕感，标志着中国书法审美意识的萌芽。

殷商甲骨跨越273年，不同时期的贞人和刻手群体不同。即使同一时期，刻手不同，环境不同，工具材料不同，书刻者心态不同，创作水平也必有差别，并非每片刻辞都是上乘之作。就整体艺术水平而言，称

中国篆书发展曲线图

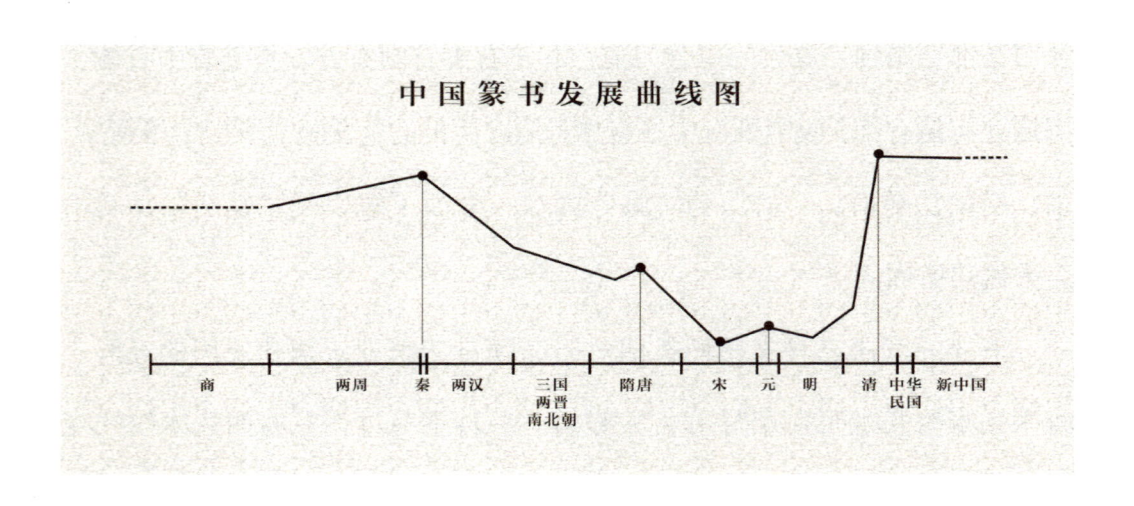

商　　两周　秦　两汉　三国　隋唐　宋　元　明　清　中华　新中国
　　　　　　　　　　　两晋　　　　　　　　　　民国
　　　　　　　　　　　南北朝

之为"一代法书"是妥帖的，但称所有书契者"乃殷世之钟、王、颜、柳"（郭沫若语），未免过誉，那些蒙学习刻无论如何与"书法大家"是挂不上钩的。就像后世评价敦煌遗书一样，有人说尽皆珍宝，有人说一文不名。以我多年的观察，敦煌遗书中只有二三成算得上艺术佳作。相比之下，甲骨刻辞的艺术成就整体会高些，后世还是觉得武丁时期的宾组之刻为最佳。

　　自甲骨文被发现，自第一批甲骨文字被识读，甲骨文书法艺术在晚清篆书大放异彩的时代背景下应运而生，其书法风貌必然打上晚清篆书的深刻烙印。

　　篆书复兴是清代的一道美丽风景。清代政治，尤其康、乾、嘉三朝，文网严密，"文字狱"异常酷烈。读书人不敢从事经世致用的学问，只好转向金石考据、典章考证、古籍整理，以此打发时日，排遣心中苦闷，"寻古"一时成为风尚。这样的社会背景，客观上对篆书艺术的振兴与发展起到了巨大的襄助和推动作用。中国书法的发展脉络，秦篆、汉隶、唐楷、宋行、明草，层次清晰，其中出现了汉魏、晋唐两大艺术高峰。相比之下，篆书寂寞的时间太久了。回顾中国篆书史，从商周到秦，篆书尚处在高位运行状态，此后渐次式微。唐代李阳冰有心止跌，可惜势单力薄，难以如愿。宋代书家不问篆隶之事。元代赵雪松只是兴之所至，偶尔为之，倒是周伯琦的汉篆宽博、浑朴之气十足。及至大清，沉寂了2000多年的篆书艺术突然大放异彩，空前繁荣，成就斐然，名家辈出。

徐无闻书法作品
释文：
古乐复传姜白石
新声竞听柳屯田

纵览清代篆书大家，无不具有深厚的文化素养、综合的知识储备和丰富的艺术实践。邓石如在秦汉碑刻基础上，将隶书笔法融合于篆，拉长结体，长锋软毫，转指绞锋，写出粗重奔放的气势。徐三庚以汉篆为结体，参以小篆笔意，笔画学《天发神谶碑》，形成"钉头鼠尾"之状。赵之谦追摹邓氏书风，掺以魏碑笔意，结构欹侧，偏锋扁笔，自贴标签。吴大澂以小篆笔法写金文。吴昌硕数十载出入石鼓，兼收多种营养，主张篆书的核心在于"气"和"骨"。气者，金石之气，姜桂之气。骨者，用笔坚决果断。

　　书篆是清人的"童子功"。"自山川效灵，三千年而一泄其密"，古文字学家、历史学家、考古学家给予甲骨文字以热切拥抱，考释文字，研究历史，还不忘文人之"余事"，他们以己之长而书之，以行动回应三千年前的艺术辉煌。雪堂罗振玉以玉箸小篆呈现，静穆有加。彦堂董作宾以金文笔意而出，蝌蚪之形昭然。丁佛言融吉金篆隶意趣，叶玉森于创造中追求烂漫。丁仁以小篆线条写方字，意趣浅淡。杨仲子金文气息浓厚，结字圆浑。胡小石金文笔意，沉雄豪放。简经纶技法丰富，刀意融融。容庚注重金文旨趣，潘天寿以"一根线条"写方圆。鲍鼎金文一路，圆起圆收，粗壮敦实。陆维钊方笔硬朗，缀之以圆，字体章法，不拘一格。沙孟海金文风神，北碑意趣，方笔辅圆，粗犷朴茂。诸乐三主法石鼓，神采为上。商承祚小篆一路，方正工致，浑穆凝练。潘主兰中锋使笔，尖锐爽利，瘦硬通神，章法灵活，新颖可人，但造字较多，招致微词。沙曼翁用笔如刀，线质挺拔，几分写意，江左风流。秦士蔚写意一路，匠心奇构，笔致胜法。康殷大才，知字知义，发人未发，诸体皆能，兼及画印，康体甲骨，略负盛名。徐无闻以铁线小篆写甲骨，

翟万益书法作品
释文：月印水面风，云亭山中幽。庚子之夏冰室主人钞旧作。

清劲典雅。潘岳怪才，独步史前，自解甲骨，书法写意，狂野不羁。刘顺融汇篆隶，婉转圆涩，结体奇巧，章法空灵，巧极生媚，其人早逝堪惜。继之其后，全国又有大批书法家耕耘在甲骨艺苑。

纵观百余年甲骨文书法艺术成就，留给后学诸多印象和思考。

1. 并不是著名的甲骨学者都有非凡的书法功力和艺术成就。王国维毕生与笔为伴，但心力不在于书法。郭沫若、唐兰皆以甲骨之书为消遣。胡厚宣情寄《甲骨文合集》13卷，意在《殷商史》，于书法缺乏传统翰墨技能的支撑。严一萍有大家风范，却缺乏大家手笔。那位骑着白马游走于洹水之滨搜求甲骨的加拿大传教士明义士，只会写写蹩脚的硬笔习作。当代许多已是名家的书法家和作为名家的书法家，其"名"并不在甲骨文书法，所以，我们不必一概而论，盲目推崇。

2. 百年甲骨文书法之路大致可以按两个艺术走向来划分：传统型与写意型，即作为"修养"的书法和作为"艺术"的书法。传统型书法家和作品在数量上远胜于写意型。传统型中的大成就者，无不具有深厚的传统文化修养和书法技能储备，在此基础上，又具有不凡的融合创新的意识和能力。这种融合主要体现在诸体间笔法的互见、线形的取舍、线性的追求，他们以行动很好地诠释了"书法是线条的艺术"这一论断，精致高端的线条正是中国书法的魅力所在。不过，传统型书法家并未在当代语境下对艺术观念做更大胆的突破，没有在时间性带来空间性上做大胆的"破坏性"尝试。他们把这些具有现代意义的话题留给了写意型书法家去思考。回顾写意型书法家走过的路，他们留给后来者最大的财富，即是"敢书前人之未书"，他们身上流淌着一股不屈的创新精神。诚然，创变的风险是极大的，可能走向成功，也可能歧途无返。

3. 如果把百年甲骨文书法做前80年与后20年划分比较的话，留给观者的印象大致是：前80年润、厚、雅，后20年干、薄、浅。当下甲骨，千人一面、有形无神者多，作品很少显现鲜活的生命，看不出他们为谁而书为谁歌。我们可以思考，如果把甲骨文书法和其他篆书艺术成就做横向比较，与其他书体的艺术成就做在场式比较，结果又会怎样？翻译家、批评家傅雷先生在谈论中国山水画现代转型时批评有些画家："拘囿于传统法则，困缚于形骸躯壳，而不复有丝毫内心生活和时代精神的表白。"并说："艺术颓唐的时代，人们走的都是模仿一途。"以傅雷此语比照甲骨文书法艺术成就，你会作何感想？

在时代语境下，甲骨文书法艺术该当如何奔放其精神，才能创作出既符合大众审美口味，又可引领时代审美潮流的佳作，的确是一个值得思索的话题。

一、时代的呼唤

时代呼唤新锐的艺术作品，创新发展的方向并非单一。比如：技术层面的立体融合，艺术层面的个性表达，核心在于艺术观念的突围。书法是汉字的艺术，线条的艺术，时间的艺术，空间的艺术，终究是观念的艺术。

艺术圈有两个一向被奉为圭臬的词语，实需辨析。一是"与古为徒"，"徒"为"友"尚可，"徒"为"弟子"则可商榷。倘若长期被"与古为徒"绊住手脚，艺术只能是一台复读机。二是"敬畏传统"，对于中华优秀传统文化，后人景仰之、崇敬之、追摹之，无可厚非，但非要"畏惧"和"害怕"它吗？！一旦固化这种心理，艺术观念和行为做派必然被禁锢，不敢越雷池一步。须知，传统也是动态发展和不断积累和丰富的过程，倘若没有一代又一代人的强力突围，传统也会枯竭。在这个世界上，变是绝对的，不变是相对的，只有变是不变的。

在我看来，这两个词，更适合于初学者持念，适合于那些墨守成规的书家，作为凸显其"入古"意志和深厚传统功力的"招牌"。对于创新求变的艺术家而言，它们更像熏香炉里缭绕而出的一缕缕富含醉品的青烟，让闻香者在不知不觉间迷沉昏睡。中国国家画院原副院长曾来德先生曾说过一段很有意义的话：年轻人要大胆试错，中年人要谨慎试错，老年人要包容试错的人。

殷商甲骨文书法是3000多年前先民们所创造的艺术形态，拙朴又烂漫。我们在继承的基础上，有所创新，有所奉献，符合时代的呼唤和要求。

二、文字的支撑

汉字本身就是艺术。其意音的特点，决定了它与生俱来的"美质"，其形其音其义，每一项都可延伸出独特的艺术气质。文字是晚于图像功能而逐渐被归纳、抽绎而出的符号系统，作为汉字鼻祖的甲骨文字，其象形性代表着东方文脉的长风。正如晋代《卫夫人笔阵图》所言，书法与绘画运用同样的笔法技巧，因而出自同源。在漫长的历史长河中，先民们完成了从绘画实践向书写实践的转化。时至今日，汉字鼻祖的象形性依然是直通艺术殿堂的一条"干道"，试以"返祖"的方式激活久远的记忆，在损益中创作，在变换中呈现时代风貌，是每位甲骨文书法家应有的责任。

三、在场的感觉

百年甲骨文书法艺术实践，奠定了作为"修养"的书法的深厚基础，开启了作为"艺术"书法的先河，留给我们太多回味、借鉴和反思的材料。传统意义上的书法是经过充分发展的艺术，在技法构成上有一套成熟的规范，容易表现作者的个性、气质和传统修养。传统的书法家依靠他们良好的传统修养和纯熟的技艺，能够把书写的汉字化作意境高远的作品，但是，很难在现实生活中表现"在场"的感觉。换句话说，作品与即时的生活情思存在着某种隔膜。在坚守文字、追求线质和一次性书写原则的前提下，在时间性上引发更多空间性变化，以丰富的想象力创造出新颖的视觉图像，以及由此而迸发出美学意义给观者带来喜悦，才是更为有趣的话题。这里的"图像"指代的是字法和章法。格式塔心理学揭示了一个秘密，即人类观察任何事物，必然是整体优先于局部，整体大于局部的总和。这就是本文强调"图像"的意义所在。没有长期的思谋与实践，很难由"可想而知"走向"意想不到"。惯性模式只能是在时间性上重复旧我。中国书法艺术本身就是中国哲学的实践化。有形式的汉字书写不一定是美的，只有把主体美学理念贯彻到汉字的形式结构中去，才能构成书法艺术作品，从而演绎出不同风格意象：阳刚之美（雄壮和劲健）、阴柔之美（秀美和妍媚）、中和之美。

四、写意的期待

写意的期待，是当代许多艺术家的共同期待。"书到极处如画，画到极处似书"，徐悲鸿的这句妙语仿佛是为写意甲骨文书法艺术量身定做的。首先，甲骨文字的象形性为写意书法提供了"天然矿藏"，与传统书法相比，写意书法可以在更广阔的视阈里展示甲骨艺术的深度和广度。其次，借鉴抽象绘画中的构成主义，以少字数展现当代艺术品质，同时，可巧妙避开甲骨文字"识不敷用"的短板。最后，灵活运用传统书法的笔墨技巧，勇于释放作者瞬间情绪所迸发的能量，催化艺术新生态。

多年前，我提出过甲骨文书法艺术创作的"三性"原则，即契刻性、书写性和艺术性。十多年的笔墨实践告诉我，这是一个由甲骨原本不断升华蜕变的阶梯，是个性与共性，主观性与客观性的交融。艺术性才是我们追求的终极目标。我们都在路上！

女人的世界

在漫长的母系社会里，女性最大的精神遗产就是"上古八姓"，这八姓的开枝散叶，向后人昭示着远古时代女性曾有过的尊贵与辉煌。她们不仅生育了后代，而且为后代们贴上了不朽的标签：姓🔲。这伟大的"八姓"就是姬🔲、姜🔲、嬴🔲、姒🔲、妘🔲、妫🔲、姚🔲、姞🔲。每个姓都有讲不完的故事。那些带"女字旁"的水名、地名、古国名、祭祀名，比如汝🔲、娀（sōng）🔲、姷（yǒu）🔲、娠（chèn）🔲，均与母系社会的族落生活有着千丝万缕的联系。

商代去母系社会不远，虽然女性的社会地位不可逆转地有所下降，但依然很高，她们依然在社会政治生活中发挥着重要的作用。下面我们就以甲骨"女部字"连缀出一幅《商代女性生活图》，描写她们的一生。

商代人把襁褓中的女婴昵称囡（nān）🔲，把小女孩称妞🔲、妦（fēng）🔲、娘🔲，长辈们都盼望着她们尽快从妙🔲龄少女长大成人。她们在叔伯辈的眼里，

—223—

是妹🔣,是姪🔣。终有一日,她们会为人妻🔣,为人妇🔣,为人妃🔣,为人母🔣,为人嬭(nǎi)🔣。在儿媳的眼里她们是姑🔣,等她们终老而死,又会成为神主牌位上被供奉的女性祖先:妣🔣。

并非每个女孩都会出身贵族。许多平民女子、女俘、女奴会沦落为妾🔣、奴🔣、婢🔣、嫒🔣,充当陪嫁的媵🔣、侍女娪(wǒ)🔣、嫔🔣、乐女嬂(zhí)🔣。

殷商人的审美意识已经觉醒。他们总把自己作为衡量一切事物的标准:"以己度物。"在男权社会,"以男度女",欣赏的视角和标准都是男性的。在这样的社会背景下,女性温婉柔媚的品格被不断强化。比如表现女子漂亮:妭(shí)🔣、娅🔣、娥🔣、妸🔣、姝🔣、嫀🔣、娃🔣、姱(kuā)🔣、孌🔣、娃(tǒu)🔣。容貌端庄:妌(zhēng)🔣。性格开朗爱游戏:嬉🔣。眉目清秀:媚🔣。佩戴丝巾:娥🔣。修长柔美:姉🔣。

商代女性既是男性的审美对象,又是追求美、创造美的主体,自美而美人。贵族妇女每天早晨的"美化"环节重要且繁复。差不多都会坐在床前梳妆打扮(妆🔣),

婢

佩戴项饰（婴ᵃ、佩ᵃ）、耳环（锾ᵃ）、玉饰（黄ᵃ），高绾云髻而簪之（妍ᵃ），再戴上头饰（每ᵃ）。

商代女性既注重外在美化，也注重内在品质的修为，希望赢得更多男性赞许的目光。她们总设法让自己：聪敏伶俐［妗（líng）ᵃ］，心思俊慧［娆（xiāo）ᵃ］，体态舒雅［嫇（níng）ᵃ］，贞洁娴静（妍ᵃ、婡ᵃ），行事谨慎［姫（zhěn）ᵃ］，相助友善（婄ᵃ、好ᵃ），顺从乖巧［如ᵃ、妳（hé）ᵃ］，恕道宽宏［恕（shù）ᵃ］，自省知愧［媿（kuì）ᵃ］。

商代处在母系社会的没落期，男权强势崛起，女性昔日的崇高不再，逐渐蜕变为被呵护和被关爱的对象。女性普遍力薄于男性，畋猎总归艰辛且危险，只有待在家中才有安全感（安ᵃ）。她们喜欢安逸地晒着太阳（晏ᵃ），受到委屈的时候希望得到抚慰（妥ᵃ）。

她们承担着生育繁衍的神圣职责。她们不在乎自己承受了多少痛苦，只希望生出男孩，因为全社会重男轻女："生男曰嘉，生女曰不嘉。"商人称怀孕为：孕ᵃ，勺（包）ᵃ，媰（chú）ᵃ，妊ᵃ，娠ᵃ。称助产为：娩ᵃ。称生产为：毓ᵃ。称生育男孩顺利为：妭（jiā）ᵃ。给孩子喂奶为：乳ᵃ。

贪食是女生的天性，故为之婪ᵃ。王逸注："爱财曰贪，爱食曰婪。""婪"者"贪"也。法国研究人员发现女生每天想吃东西的次数平均比男生高出 15.6%，心理学家称之为"食物渴望"。研究表明，雌激素具有"稀释食欲"的作用，而女生在月经期，体内雌激素含量降低，食欲因此变得强烈。

女性区别于男性的地方还很多。比如，心思缜密，容易因琐事引发争吵和争辩［奻（nuán）］，嫉妒心会更强［姕（zì）、妒］，也会因嫉妒而做出一些阻碍或损害他人的事（妨）。

商代女性整体来说，性格火辣、奔放、勇敢。她们策马扬鞭［妪（yù）］，挥舞斧钺（威），以柔克刚［姤（gòu）］，恣意放纵［㛥（huī）］，愉悦自我［媮（yù）］。

在甲骨卜辞中，出现了大量"女部字"，多为形声字，多用于人名或地名，常作"代号"之用，并没有太多深义，这点和后世"女部字"不大相同。自周以降，后起的"女部字"，很多是对女性的描述性用字，往往被赋予男权社会所主导的内容。比如姿容、气质、德行等诸多方面的要求。这些内容同时又成为女性自我修养的标准，从而将自己修炼成为男权社会赏心悦目的对象。

在商代，并不是所有女性都有私名。卜辞中女性"名

甲骨文里的早期中国

字"举例：婡（dōng）、媓（huáng）、婤（zhōu）、婛（jīng）、婺（wú）、妳（yī）。

刻辞释文（自下而上）

①癸酉贞 其三小牢
②癸酉贞 于甲
③于南兮
④于正京北
⑤癸酉贞 明又食唯若
⑥癸酉贞 明又食排若
⑦乙亥贞 侑伊尹
⑧乙亥贞 其侑伊尹二牛
⑨……王出……

甲骨『女部字』129例

1. 女（nǔ）

甲骨文字形 👤。像一人双手交叉于胸前，身躯微微前倾，侧身跪坐之形，这是殷商时代女子行笄礼后的标准坐姿。卜辞用作子女之女、先王配偶、祭名。殷商时代，"母""女"二字尚无明显分工。只是初生之女，只能用"女"，不能称"母"。"女"可假借为"汝" 👤。卜辞中，"女""汝""每"通用无别。

2. 母（mǔ）

甲骨文字形 👤。像一能哺乳的女人形象，两点代表乳房或乳汁。本义：母亲。在商代甲金文字中，"母"亦作"毋"，卜辞作母辈通称。"母"亦通"姆"。

3. 每（měi）

甲骨文字形 👤，像一插簪的成年女性，形态优美，几分妖娆。卜辞借用作女、悔、晦。"每"或为"美"

字之异文。

4. 姓（xìng）

甲骨文字形 ![字形]，会意兼形声字，从女、从生，生亦声。本义：氏族部落标志。在母系社会特殊的婚俗下，孩子只知其母不知其父，孩子一出生就只能贴上母系的标签，随母"姓"。正如《说文》所释："姓者，生也。"上古八大姓：姬、姜、嬴、姒、妘、妫、姚、姞（妊），皆依"女"字旁，即是当时社会生活的真实反映。"姓"是部族的名称，"氏"是姓的分支。

5. 姬（jī）

甲骨文字形 ![字形]。从女（每）、臣（yí）声。"臣"的金文字形 ![字形]，颔也，通作"颐""颊""腮"。甲骨文无"臣"字，但有从"臣"之"姬"。

姬为上古八大姓之一。《说文》："黄帝居姬水，以为姓。"姬水之名从何而来？合理的推测是，黄帝部族产生之前，某个母系族群依水而居，他们的图腾崇拜物为"姬"，便以"姬"称呼眼前这条赖以生存的河流

—229—

为"姬水",所谓"水以姓名"。后来,黄帝族群徙居于姬水之滨,故而给自己的族群冠以"姬"姓。所谓"姓源于水"。可见,先有姬姓,后有姬水。姬的原始本义:上古母系社会流传下来的一个姓氏。《国语·晋语》记载:黄帝以姬水成,成而异德,故以姬为姓。炎帝以姜水成。其理相同。姬的引申义:贵族妇女。

"姬"为周族姓。古代经学家解释,"女字旁"加一个"脚印"造型为"姬",象征姜嫄踩到了上帝的足迹。问题是,姬字来源于商人的甲骨文,造字之初,商人并不会在意一个遥远的小部族的族源神话。长期以来,周人没有文字,直到晚商,与商朝有了联系之后,才开始学习和使用商人的文字,记录自己的历史,并从中选择了一个音近的女字旁的"姬"字为姓,沿用至今。

后稷(弃)的母亲姜嫄,其姓"姜",本义是女性的羌人,可见周族是由羌人繁衍而来。甲骨卜辞记载,关中地区的居民主要是羌人。后稷的儿子不窋(zhú),或是遭遇夏朝动荡而丢了"农师"官职,或是为了躲避手持青铜兵器到处抓捕俘虏的商朝爪牙崇国的威胁,总之,他们举族离开了关中盆地(周原),徙居北方戎狄生活的山区。脱离了姜姓有邰氏部族生活圈后,后稷的后人为自己选择了一个新的族姓——"姬",以表示他们与姜姓群体的血缘关系已经远去。

先秦时代,由姬姓直接衍生出周、吴、郑、王等411个姓氏,姬姓是名副其实的"万姓之祖"。

姬水所在地望，一说为陕西省武功县漆水。

"姬"同"居"。"姬"与"妇""姬"三字形近易混。"妇"（jù），古山名。"姬"（zhěn），甲骨文字形为 ▢，女子竖目，会意谨慎。

6. 姜（jiāng）

甲骨文字形 ▢。从女，羊声。像头戴羊角，双手或被反绑的妇女形象。本义：水名。上古八姓之一。卜辞与"俘""叏"等同，用作祭牲。姜水所在地望，一说为宝鸡市渭滨区清姜河，为中华始祖炎帝生长的地方。《说文》："神农居姜水，因以为氏。"

"羌""姜"本同源。李学勤认为，"羌"为男羌人，"姜"为女羌人，作为民族称"羌"，作为姓氏称"姜"。

"妌"与"姜"甲骨文字形有相合者，但非一字。

"妌"，甲骨文字形 ▢，从女、羊声。卜辞用于人名："妇妌示十屯，争。"大意：妇人妌整治了十对骨版，名争的人签收了。

"姜"与"薑"本为两字，汉字简化后以"姜"代"薑"。

7. 嬴（yíng）

甲骨文未见"嬴"字。西周金文字形 ![字形]，从女、鸁（luó）声。上古八姓之一。据《史记·秦本记》记载，黄帝后裔伯益，"佐舜调鸟兽，良兽多驯服，舜赐姓嬴氏"。这是史书最早提到的嬴姓。后世的秦、徐、江、黄、郯、莒，皆出于嬴姓。

鸁（luó），甲骨文字形，像蜗牛之形 ![字形]，蜷体上长有触角和软足，为"嬴"之初文。《说文》：嬴，亦作"蜾"（guǒ），亦作"蜗"，三字一声之转。甲骨文"嬴"，用作方国名，用于贞卜疾病之辞，疑指病情加重。

8. 姒（sì）

甲骨文中未见"姒"字。商代金文字形 ![字形]（乙未鼎），西周金文字形 ![字形]，从女、以声，或叠加司声。上古八姓之一。金文"姒""始"同字。

母系氏族社会晚期出现了男女分工。女性负责采摘、烧食、制陶、缝衣、养老育幼。青壮年男子从事渔猎、保卫家园。女性对氏族食物的贡献率占 2/3，男子只占 1/3，可见史前女性喂养着部族。氏族长由德高望重的女性担任，她们是氏族血缘关系的纽带，拥有财产支配权。

9. 妘（yún）

西周金文字形 ![字形]。从女、云声，籀文"云"从"員"，古音同。本义：

—232—

姓。上古八姓之一。祝融之后，姓也。妘姓的分支姓氏：董、彭、曹、己、芈、斟、秃。

員，甲骨文字形 ⿱口鼎。上口下鼎，指示鼎口是圆的。本义：圆。

10. 妫（guī）

周早期金文字形。从女、为声。本义：水名。

舜帝生于姚墟而居于妫汭，舜本姚姓，因以为氏。《史记·陈杞世家》："昔舜为庶人时，尧妻之二女（娥皇、女英），居于妫汭，后因为氏姓，姓妫氏。"不知二者之姓氏有何关系。先秦以后，妫姓后人常以其氏自称，由此派生的氏族很多，常见者：陈、田、袁、陆、王、车、薛等。妫水，源出北京市延庆县，流入桑干河。

11. 姚（yáo）

姚，西周金文字形。从女、兆声。《说文》："虞舜居姚虚，因以为姓。"上古八姓之一。帝颛顼纳远方有虞氏之女为妃，作为交易，有虞氏所属古族、居地得到颛顼帝庇护，"姚"因此有"易"之义。又因有虞氏居地，与"颛顼之都"相距遥远，"姚"又有了"遥""摇"之义。有虞氏部落以其美女进贡给颛顼做妃妾，"姚"因而又有了"妖娆"之义。

兆，甲骨文字形 ，商代金文字形 。为龟甲兽骨被烧烤后呈现的裂纹。卜辞用原义。

占卜之法，先将整治过的龟甲兽骨，在甲骨背面钻凿至将透未透程度，然后用火烘灼，发出噼里啪啦的响声，这种声音被古人理解为神灵在传达某种旨意，钻凿处随之出现"卜"字形裂纹，称之为"兆"。负责研判纹路者称为卜官、贞人、巫师，他们以"卜兆"判断吉凶、预知天命，并将叙、命、占、验辞契刻于甲骨之上。

商人既"卜"又"筮"（shì）。"筮"即揲（shé）蓍（shī）、筮占（数蓍草占卦以卜吉凶）。"卜""筮"是相互参照的关系。《周礼》曰："凡国之大事，先筮而后卜。"卜筮并用时，若筮占逢吉，方可继之以卜；若筮占不吉，则不可再卜，再卜就是亵渎龟策。但若先卜后筮，似无禁忌。

甲骨占卜源自新石器时代偏晚阶段，在夏商两代最为鼎盛，春秋战国以降是其末声。

12. 姞（jí）

甲骨文未见"姞"字。周早金文字形 （周早·遣卣）。从女、吉声。上古八姓之一。引申：谨慎。《晋语》："黄帝之子，得姓者十四人，姞，其一也。"西周金文中，用姞姓者尚多，姞姓后人多以其氏自称，故后世姞姓人罕见。"姞姓"后裔分支很多：吉、雍、燕、鄂、密须（密须）、阚、严、光、羊、杨、孔、尹、蔡、鲁、允、断、敦、逼、郅、虽等。

吉，甲骨文字形 ![]。"吉"之上部造型多变，释者各执己见。此举两释。其一，像一斧一砧之形，斧在砧上，会意所劈之物当为牛羊一类吉祥之物。其二，像兵器藏于专器之中，示意藏而不用，寓意"吉善"。卜辞用其本义：吉利。

13. 妻（qī）

甲骨文字形 ![]。一解，像以手束发加簪形，会意女子梳妆打扮。二解，像一手或两手抓取妇女头发形，取抢劫女子，成亲生子之意。卜辞作配偶之义。抢婚风俗源远流长，盛行于以男子为中心的原始社会末期。

14、敏（mǐn）

敏，甲骨文字形 [字形]。会意兼形声字。从手、从每，每亦声。本义：女子动作麻利，装扮速度快。引申：敏捷。

15. 娶（qǔ）

甲骨文字形 [字形]。从女、从取，取亦声。会意兼形声字。本义：男子娶妻结婚。引申：迎娶新娘。经典多借"取"为"娶"，其中有着原始抢婚制的孑遗。卜辞用于人名。

馘（guó）与"取"同义。甲骨文字形 [字形]。从戈、从耳，示断耳之义。卜辞用于人名："呼馘伐羌。"大意：命令馘讨伐羌方。

16. 妇（fù）

甲骨文字形 [字形]。从女、从帚。像一妇女持帚洒扫之形。本义：持帚洒扫。借指：已婚女子，特指妻子，泛指女性。卜辞多以"帚"代"婦"。卜辞作王之配偶，比如妇好、妇妌、妇癸。古籍中以"服"训"婦"（妇），有服侍之义。

推测古代妇女婚后的主要任务是服侍丈夫和操持家务，殷商时，以为掃（扫）地是女子分内之事，掃（扫）

地便成妇人的象征。甲骨文"婦"字正好体现了古代妇女的这种身份和分工。古人心中对于女性的称谓切分和使用很细。

帚（zhǒu），甲骨文字形 ⚏。活脱脱一把扫帚。卜辞多以"帚"代"婦"（妇），亦借"帚"为"歸"（归）。

"歸"（归），甲骨文字形 ⚏。从帚、自声。像以帚扫（扫）地。本义：女子出嫁（意味着嫁到夫家需操持家务，谨守妇道）。古代嫁女曰"歸"，"歸返"曰"来歸"。另释"歸"，像女子出嫁所经丘阜之形。卜辞用作归来、返归、归降、方国名。

17. 安（ān）

甲骨文字形 ⚏。从宀（mián）、从女。妇女在室内跪坐，会安坐之义。上古时代，毒蛇猛兽横虐，妇女身体柔弱，出外并不安全，唯"女坐室内"方为安。卜辞中用于人名，并作安适之义。

18. 孕（yùn）

甲骨文字形 ⚏。像妇女怀有身孕之形。本义: 怀孕。

引申：雌性动物怀胎。卜辞用其本义。《说文》："孕，怀子也。从子、从几。"许氏所从"几"，当为女性身形之讹变，后演化为"乃"。

甲骨文"身"亦有"孕"义。字形 ，像侧身妇人隆腹之形，寓意腹中有子。本义：女子怀孕。《诗经·大雅·大明》："大任有身，生此文王。"大任，周文王之母。有身，怀有身孕。卜辞用作人之身躯。

勺（包） ，像腹中怀着孩子。本义：孕。同"抱"。

19. 乳（rǔ）

甲骨文字形 。像一侧身跪坐的母亲抱子喂奶的形象，幼儿张口吮吸母亲乳汁。本义：哺乳、喂奶。引申：养育。卜辞用作动词哺乳。

睿智的先民仅用几条简单的线条便勾勒出一幅生动的《乳子图》，温馨中充满幸福与希望。甲骨文字具有很强的象形性，所以表情达意都很质朴、直观、生动和自然。

战国文字"乳"已讹变为 ，小篆从之。其形将母亲侧坐之身躯简化为"乙"，将母亲双拢的怀抱简化为

一只手"爪"，如此，"乳"便从孚、从乙。《说文》释解，实非本义。

20. 妊（rèn）

甲骨文字形 ![字形]。从女、壬声。本义：怀孕。卜辞用于人名。妊为上古姓氏之一。

壬（rén），甲骨文字形 ![字形]。像竖着绕线的缠线轮。本义：工。此字议论较多，至今未有定释。卜辞用作天干之九，殷先公、先王、先妣之庙号。假借为"佞"：巧辩。"妊"别作"姙"。

十天干的甲骨文字：甲 ![字形]、乙 ![字形]、丙 ![字形]、丁 ![字形]、戊 ![字形]、己 ![字形]、庚 ![字形]、辛 ![字形]、壬 ![字形]、癸 ![字形]。

21. 娠（shēn）

甲骨文字形 ![字形]。从女、辰声。本义：女妊身动，怀孕。卜辞疑作人名。

辰，甲骨文字形 ![字形]。像耕田之农具形。郭沫若以为，"辰"实为古耕田器，其作贝壳形者盖"蜃"也。远古时期有蚌刀、蚌镰。假借为地支第五。凡从"辰"之字

—239—

皆有动意，比如震、振。

22. 媰（chú）

甲骨文字形 [字形]。商代金文字形 [字形]。形声字，从女（每），芻声。本义：妇女怀孕。卜辞用于地名。

芻（刍），甲骨文字形 [字形]。象形兼会意字，像以手断草之形。本义：刈草、拔草。卜辞用作刈、地名、野兽、畜牧奴隶、抚佑。

刈（yì），甲骨文字形 [字形]。从禾草、从刀。像以镰刀割谷禾形。本义：割。卜辞作收获之义。刈草另有一专用字"芟"（shān），甲骨文字形 [字形]，像以"殳"（兵器，此指农具）除草形。

乂（yì），甲骨文字形 [字形]。像剪刀形，为"刈"之初文。卜辞用于地名、祭名。

23. 娩（miǎn）

甲骨文字形 [字形]。会意字。像双手将女体下部分开，中间"小口"为产门。本义：助产。卜辞中，"娩""嫔""冥"本一字。人生子曰"娩"，禽下蛋曰"嬎"（fàn）。

娩（míng），甲骨文字形 ![字形]。从女、冥声。本义：生育。为"娩"之初文。卜辞作动词分娩："妇好娩，不其嘉。"意思是说妇好分娩生下女孩。生男曰嘉，生女曰不嘉。商时已出现重男轻女现象。

冥，战国字形 ![字形]。从宀、从日、从大。会意兼形声字。表示人头顶上的太阳被覆盖。本义：幽暗。古代多指一年第二季，冥季。

24. 毓（yù）

甲骨文字形 ![字形]。会意字。一个侧身翘臀的女子，正在生子，头朝下者顺产，头朝上者立生，生产过程中有血水流出，整个画面就是一幅鲜活的《分娩图》。本义：生育。卜辞称殷先公、先王、先妣，比如"高祖""毓祖"，同版对称。在甲骨文中，"毓""后""育"三字一形同义。

"后"与"後"本为两字。"后"，本义：生子。训为君主或君主之妻。比如后稷、后羿、皇后。"後"，甲骨文字形 ![字形]，从彳，道路形；从幺，绳索形。从夂，倒脚趾形。会意：脚上系绳，在道路上行走缓慢不得快。本义：缓慢行走（落后于人）。

—241—

25. 妃（fēi）

甲骨文字形 ![]。从女、从巳。本义：匹配、配偶（仅次于皇后，后多指妻）。《说文》分为"妃""改"两字。释"妃"为匹配、配偶之义。释"改"为女名用字，比如商王帝辛的宠妃：妲改。《说文》妃字讹变为从女、己声。

"妃"同"配"。配的甲骨文字形 ![]。从酉、从卪（jié）。其义有调酒、分酒、贪酒三种解释。一、像一人跪坐在酒樽旁，再现古人调酒时的情景。本义：调配（勾兑）酒。侧身跪坐之人当为调酒师。二、这位跪坐在酒坛旁边的人，是古代部族中分酒的人。本义：分酒。引申：分配。三、一位嗜酒如命的人，不懂"饮惟祀，德将无醉"的规矩，对着酒坛狂饮，出现丑态。本义：贪酒。

"妃"同"绯"：粉红色。

卪（jié），甲骨文字形 ![]。像人侧跪之形，屈膝时关节突出。卜辞用于地名、人名。古通"节"。

26. 妣（bǐ）

在商代甲金文字中，以"匕"作"妣"。妣，祖母

或祖母辈（先祖配偶）以上的女性祖先。《说文》释为已故母亲。周代早期金文出现"女+匕"字形。

匕，甲骨文形字。本义指勺、匙类取食用具。也有将此形解释为像人作揖或匍匐于地之侧面形象。由"匕"组成的字多与食具有关，如"旨"（甲骨文字形）。

"匕"与"比"形相近。"比"，像二人并比之形。本义：亲密。

商代社会的贵族女性常常在政权机构担任商王朝大小官职，参与国家政治生活，拥有自己的领地、领邑和田产。她们与商王朝关系密切，商王时加关注，就连生育和疾病都会过问，她们身后亦享有殊荣，可以"先妣"名义，入"多毓"受祭。不过，"先妣"入祀的条件相对严苛。在商代祭祖文化体系中，女性受祭对象是从属于男性的，商人对大部分先妣的祭祀远逊于先公先王。

27. 妹（mèi）

甲骨文字形。从女（每）、未声。"女"可在"未"之左、右、下。本义：女弟，即同辈后生之女。卜辞中用作兄妹之"妹"，借作昧爽之"昧"。昧，指

天将明未明之时。"昧"字始见于周中金文。

未，甲骨文字形 ༀ。古代一种树，枝叶重叠繁茂，以此表示滋味的"味"。借为地支第八。

"妹"（mò）"妹"有别。妹，女子人名用字。如夏桀宠妃妹嬉，有施氏之女。

28. 姪（zhí）

甲骨文字形 ༀ。从女、至声。本义：兄之女也。卜辞用于人名。"侄"为"姪"之俗字，或作"姝"，指兄或弟的儿子。泛指男性同辈亲属或朋友的儿子。

至，甲骨文字形 ༀ。从一、从矢。一横表示地面或箭靶。象形兼会意字。像飞鸟从高空落至地面，或像箭射中靶标。本义：到达。卜辞用作到达、祭名。上古时期多用"至"，中古时期多用"到"。

29. 姼（shí）

甲骨文字形 ༀ。从女、多声。卜辞用作人名："妇姼亡祸。"大意是说妇姼没有灾祸。引申：美女。

多，甲骨文字形 ༀ。二肉叠加。本义：重复、众多。

古代祭祀后要分胙（zuò）肉，两块肉者为"多"。训为：重、赞许。《说文》以为"重夕为多"。金文"肉"与"夕"形近易混。

卜辞中"多某"之词很多。罗列若干如下：

多祖（诸多祖辈先王）、多父（诸多父辈）、多兄、多母、多子（子侄辈）、多妣（祖母辈通称）、多尔（对诸多死亡武士敬称）、多亚（多位武官）、多马（多位司马官）、多射（多位司射官）、多尹、多君（多位文官）、多臣（各级官员）、多隶（主管奴隶之官）、多犬（主管防卫狩猎官员）、多羌（主管羌俘之官员，也可视作众多羌俘）、多田（主管农垦之官员）、多奠。

30. 婢（bì）

甲骨文字形为 . 从女（妾）、从卑，卑亦声。本义：被迫受剥削、受役使的女子。卜辞用作人牲，与牲畜并列。常见词：贱婢、奴婢、婢女。

卑，甲骨文字形 . 像手持器具之形。所持之物，各家说法不一。一说为"护甲"，训为贱。一说像"酒器"，执酒器为尊者酌酒的人（身份卑微）。一说像工具"锤头"，

古时干体力活的人（处于社会底层）。上述三解均指身份卑贱。卜辞中"卑""婢"通用。金文、小篆字形多从左手，古人尊右卑左，示意执事者为卑贱之人。

妾，甲骨文字形 ![]。从辛（qiān）![]，从女。"辛"为古代一种刑具，像施黥之刑刀。妾表示曾受黥刑之人。本义：女奴。卜辞用作女奴、人牲，亦指配偶（王之妾未必受黥刑）。小妾可以随便送人。

31. 奴（nú）

甲骨文有两个字形。其一 ![]，像一女子双手被反绑之形。其二 ![]，像一女子被别人役使和压迫之形。西周早期金文中出现了从女、从又（手）之"奴"，字形 ![]。女指女奴，又（手）指用手掠夺。或释女奴从事劳动。本义：奴隶、奴仆。

"奴隶"一词出现于汉代。

逮（dài），始见于春秋金文，其古字形 ![]，像手持牛尾一类的东西，表示从后面追赶并抓住。此义后世用"逮"表示。

隶（lì）（隸），始见于战国文字 ![]。从隶、柰声。

本义：从事采摘果子的奴隶。后特指隶卒（衙门里的差役）。"隸"简化为"隶"。

"奚"为女奴，"隶"为男奴。《周礼》曰："男子入于罪隶，女子入于舂藁（gǎo）。"男女同为罪奴，男子被罚苦役，女子从事酿酒一类相对精巧轻松的活。"舂藁"，为三代时期的"女奴酒"之一。"女奴酒"为女性战俘酿制的美酒，如同古巴女人大腿上卷出来的雪茄，表达男性心理上的一种感觉，以此得吉。

古文"奴"字，其形 ，从亻、从女。

32. 娥（é）

甲骨文字形 。从女、我声。像佩戴丝巾的女人（甲骨文巾 ，佩巾下垂的样子，中间一竖表示系带）。本义：女子容貌美好。卜辞用于人名、地名、神祇名。娥，帝尧之女，舜妻娥媓字也。神话中夸父之妻亦名娥。

我，甲骨文字形 。长柄锯齿形兵器，在奴隶社会，主要用来行刑杀人和肢解牲口。本义：兵器。转义为王族、贵族。借作人称代词"我"。

33. 妸（ē）

甲骨文字形 ![字形]。从女、可声。像一妇女荷戈之形。引申：女子美貌。典籍中，"妸""嫛"一字，古同"婀"，常见词"婀娜"。卜辞用于人名："妇妸示二屯，韦。"示：整治。屯：一对骨版。韦：签收人。卜辞大意：名叫妸的妇人，献上整治过的骨版两对，由韦这个人签收。

何，甲骨文字形 ![字形]。从人、从可。像人肩扛戈矛或锄头之形。本义：肩扛、担。"荷"（hè）之初文。

可，甲骨文字形 ![字形]。像气流屈曲而出的样子。《说文》："可，肯也。从口、从丂，丂亦声。"本义：许可。卜辞用作肯、可以，亦用作地名。似为"歌"之初文。

丂（kǎo），甲骨文字形 ![字形]。本义：气欲舒出的样子。古同"考"，通"巧""亏"。卜辞用作地名。

34. 婤（zhōu）

甲骨文字形 ![字形]。从女（每）、周声。古女子人名用字。卜辞义不明。通"赒"：周济、救济。通"调"：调和、协调。

周，甲骨文字形 ![字形]。有多解。

（1）像在一块四方田地里密植庄稼，长满庄稼的田地，有稠密和周遍之意。

（2）像方格纵横、刻画文采之形，为"雕"之本字。

（3）用作商王朝周边方国名，即"妊周""姬周"的"周"。

（4）像田畴形，中间加四短横以别"田"。"畴"的甲骨文字形 ，像新耕的弯弯曲曲的犁沟，旁边的犁具或牛蹄印清晰可见。会意：耕过并整治好的田地。引申为田界、各类、同类。

35. 媚（mèi）

甲骨文字形 。从女、眉声。本义：眉目清秀的女子。卜辞用于人名，疑用作人牲，身份与女奴同："贞，父乙卯媚。"大意：向父乙进献卯祭时，用媚作人牲。假借为"魅"。

眉，甲骨文字形 。"目上毛也"，目有眉毛弯又长，表示以目媚人。本义：眉毛。卜辞用作人名、地名。古人以为长眉者长寿，故有"眉寿"。

36. 好（hǎo）

甲骨文字形 [字形]。从女、从子。像母亲抱着孩子之形，示母子关系亲昵。引申：友爱、和睦。卜辞用于人名："妇好娩""呼妇好伐土方""妇好无祸"，等等。

子，甲骨文字形 [字形]。小儿貌，突出其头大毛稀、憨态可掬形象。甲骨文又作 [字形]，相对于前者写实纹样，抽象性更强。

殷商部族发源于环渤海地区，是东夷族的一支。商族姓"子"。商始祖契（xiè），辅佐大禹治水有功，被舜帝封于商地，赐姓"子"。商代已使用"干支纪日法"，"子"为十二地支之首，"子"贵为"王"。子姓派生之氏众多。

龙山时期（新石器时代晚期，距今约4350—3950年）的华北曾出现过一些古国，因为大洪水导致大萧条。大禹治水指的是，龙山末期部分古人改造湿地、开发平原的活动。正如《孟子》所说，禹掘地而注之海，驱龙蛇而放之菹（jù）……人得平地而居之。好在二里头周边人口规模小，微环境容易改造，大禹疏浚之方收到奇效，因而被后人作为创世史诗，世代流传。

37. 妌（jìng）

甲骨文字形 ᙰ。从女、井声。卜辞用于女字。引申：女子贞洁娴静，所谓"女德不妄动"。

妇妌，商王武丁第一任王后，井方方伯之女，出生于邢（古字通"井"）。少年时已广有才名，善农业种植，尤其善长种黍，曾参与征伐、祭祀、先导、进贡等一系列王室活动。去世后庙号为"戊"。举世闻名的"后母戊大方鼎"就是其子（商王祖庚或祖甲）为祭祀她而铸。卜辞中有关妇妌的记录很多，比如"妇妌娩""勿呼妇妌伐龙方""呼妇妌往黍"。商王武丁有"三配"，即妣戊（妇妌）、妣辛（妇好）和妣癸。

井，甲骨文字形为 ᙰ，井口之形。卜辞用于人名（妇井）、地名、方国名。相传古制八家为一井。引申：人口聚集地、乡里、家宅。有成语：背井离乡。

38. 嬅（shuài）

甲骨文字形 ᙰ。从女、率声。卜辞用于女字："妇嬅允无祸。"大意：妇嬅果然无灾祸。

率，甲骨文字形 ᙰ。其释有二。一曰像捕鸟或捕鱼

的网。引申：捕捉。二曰像用于牵引的大绳索。引申：带领、遵循。再引申：表率、标榜。通"帅"。卜辞用作牲法："今来羌，率用。"大意：今天俘获而来的羌奴，以率法牲祭。

39. 姌（rǎn）

甲骨文字形 ▨。从女、冉声。卜辞用于人名："妇姌示五屯，小妇。"大意：名姌的女子整治了五对骨版，小妇签收。引申：柔弱的女子，修长柔美。

冉，甲骨文字形 ▨，周晚金文字形 ▨。与"竹"同形。本指龟甲的边儿。引申：毛发、枝条等柔软下垂的样子。借指人的胡须。

"冄"古同"冉"。故"姌"作"姎"。"姌"亦作"娜"。"姌"与"姎"（dōng）为同形异字。"姎"意为女子美貌。

40. 姝（shū）

甲骨文字形 ▨。从女（母）、从黽。卜辞用于人名，疑作人牲。借作：美好、美女。《诗经》："静女其姝。"《汉乐府·陌上桑》："使君遣使往，问是谁家姝。"

黽（黾）（měng），甲骨文字形 ▨。像大腹、四足

之蛙形。本义：蛙的一种。

"殊"与"姝"其形义有关联处。

殊，甲骨文字形 ▨。从甴、从死。会意：断绝生命而死。本义：死。《说文》："殊，死也。"明示死亡状态，暗含斩杀而死之义。有字书释其本义：斩首，断其首身而死。

死，甲骨文字形 ▨。从人、从歺（è）。像人侧身低头或跪拜于朽骨之前，朽骨意味着生命的消亡与结束。或可理解为人死后会变成枯骨。本义：死。卜辞作死亡本义。

歺（è），甲骨文字形 ▨。像残骨之形，或带有血滴。本义：残骨。卜辞"歺""列""烈"一字。"歺"隶变作"歹"，从"歹"之字多与死、坏、不吉祥等义有关。

41. 妵（hé）

甲骨文字形 ▨。从女、从禾。会意兼形声字。本义：优雅的女子。卜辞用义不明。引申有二释：

（1）像女子负禾之形。甲骨文禾 ▨，像谷穗成熟卷曲之貌。女、禾组合，会意"委曲之女"，表示丰满有曲线，

自然天成。本义：顺从、随行。

（2）面对枯萎的禾苗，女子触景生情，联想到自己人老色衰、色衰爱弛的凄楚境遇，不禁黯然伤神。本义：委屈。此意后由"萎"字承接。

42. 如（rú）

甲骨文字形 [字形]。从口、从女。像听话的女子形。徐锴："女子从父之教，从夫之命，故从口，会意。""如"的本义：顺从、听从，含乖巧义。借作：好像、如同。卜辞用作人名："如壹"，释义：名如之人击鼓以祭。

43. 婐（wǒ）

甲骨文字形 [字形]。从女、果声。本义：侍女。卜辞用于人名："妇婐娩。"释意：妇婐分娩了。孟轲曰："舜为天子，二女婐。"

"果"与"枼"[（yè）树叶]，甲骨文字形 [字形] 相似。"婐"与"媟"（xiè）亦形似，异字同形。"媟"，从女、枼声。本义：轻侮、不恭敬、亵狎。

44. 嫔（pín）

甲骨文字形 ![]。从女、宾声。像室主人礼敬外来宾客。本义：迎宾。

宾，甲骨文字形 ![]。像人在屋中，所从趾 ![] 指向屋内，表示：屋中人为外来宾客。后世从"贝" ![]，表示宾客带来重礼。

"嫔"通"傧"：接引宾客的人，用宾客的礼节相待。"嫔"通"缤"：繁盛的样子。

卜辞用于人名。卜辞中，"嫔""傧""宾"混用。

45. 姷（yòu）

卜辞借"又"（手）为"姷"。典籍中"姷""侑"一字。本义：（彼此）相助、相亲。

"侑"，从人、有声。古代祭祀方式之一，即进献酒食于所尊者，以求福佑。本义：劝食。侑祭亦曰侑食。

卜辞中有 ![]、又 ![]，均可作"姷""侑"。

46. 妆（zhuāng）

甲骨文字形 ![]。从女、爿声。像女子"对镜贴花

黄"。本义：梳妆打扮。引申：嫁妆，演员的衣装服饰。卜辞用于人名。"妆"同"装"（假装）。

爿(pán)，甲骨文字形 ，像劈成片的竹木形。为"床"之古形。本义：床。爿、片为同源字。

47. 婪（lán）

甲骨文字形 。从女、林 声。会意：女子置身于果园尽享美味。本义：贪食。卜辞疑作地名："婪获鹿。"大意：在婪这个地方捕获到鹿。段注以为"惏"（lán）（嗜馋也）。王逸注：爱财曰贪，爱食曰婪。吃东西，可帮助分泌皮质醇，有利于生理期女性对营养差异化的要求。可见"婪"字，原意表达女子爱吃的天性而已。

48. 婴（yīng）

甲骨文字形 。从女、从佣。女子手持颈上（贝玉类）饰品，有展示、显摆之义。本义：妇女颈饰。引申：初生女孩。古有"男曰儿、女曰婴"之说，后泛指婴儿。卜辞疑人名。

"婴"，通"撄"（触犯），通"缨"（穗子、绳子）。

倗，甲骨文字形🪨。像人挂颈饰之形。本义：颈饰。古同"朋"。

朋，甲骨文字形🪨。像两串贝之形。古代货币单位，五贝为一朋，也有十贝一朋之说。借作"朋友"。通"崩"（倒塌）。

早在石器时代，"贝"已成为原始居民喜爱的装饰品，对中国风俗文化影响深远。

由于天然贝稀少且大小适中，便于携带、计数等特点，逐渐被赋予了商品交换的一般等价物职能。原始贝币产生于距今3000多年前的商代，是钱币的始祖。"贝"字旁的文字不少，比如：货、贡、贿、财、贪。商代晚期出现了仿海贝形式的铜质货币。

49. 晏（yàn）

甲骨文字形🪨。从日、从女。会意字。女子晒太阳，安逸享受日光浴。本义：晒太阳。

"晏"同"晏"：从日、安声。本义：晴朗。

"晏"同"宴"：安乐、安闲。

50. 奻（nuán）

甲骨文字形ᵇ。同向之两女。本义：争吵，争辩。卜辞中用于人名："妇奻娩嘉。"大意：妇人奻会生男孩。商代社会已有生男曰嘉、生女曰不嘉之说。依据卜辞，妇奻为商王武丁至少生育过一个男孩。

51. 娘（niáng）

甲骨文字形为 。从女、良声。本义：对妇女之美称，多指少女。后世用作爹娘之"娘"，与"孃"通用。卜辞用于人名。

良，甲骨文字形 。像古穴居前后之通道，示意走廊。本义：走廊。为"廊"之初文。借作：善良、美好。"良"通"谅"：诚实、信实。引申：原谅。

52. 妥（tuǒ）

甲骨文字形 。像以手抚慰一女子形。会意字。本义：安抚。引申：妥当、平安、安坐。卜辞用于人名："妇妥子亡若。"大意：妇人妥的孩子不顺利。用作按抑、绥靖之义，为"绥"之初文。"妥"通"堕"（落下、掉下）。

绥（suí），从糸（mì）、从妥。本义：指登车时用以拉手的绳索（车中把也）。引申：安抚。

53. 婡（lái）

甲骨文字形 𮕵。从女、来声。古代女子人名用字。引申：女子娴静、美好。辞例："妇婡允娩嘉。"大意：妇人婡果然生了男孩。

來（来），甲骨文字形 𭡾。象形字，麦子形，根、秆、叶齐全。本义：麦子。借为"由彼至此，由远及近"。

"麦"被"來"假借之后，古人又造一"麦"字，甲骨文字形 𭡿。在"來"下添加"倒止" 𭡸，表示麦之根须，以示区别。

54. 姁（zì）

甲骨文字形 𮕶。从女、自 𭡹 声。本义：妒忌。为"嫉"之初文。卜辞用于人名或地名。《史记》："害色曰妒，害贤曰嫉。"

嫉，从女、疾声。本义：忌妒才德地位比自己高的人。又作"愱"。

商代人称疾病为"疾"，其甲骨文字形🔣。像一人卧倚床榻津津出虚汗状，以患者病态取意。《说文》："人有疾病，象倚著之形。"🔣即现代汉语"疒"（nè）字。有学者释🔣为"病"。

疾在甲骨文中另有一形：🔣（大者正立人形，矢者箭也）。会意：腋下中箭。本义：兵器所致伤病，属于外伤。引申：速度快。

55. 妒（dù）

"妒"本作"妬"（dù）。"妬"的甲骨文字形🔣。从女、石声。本义：妇女忌妒丈夫。引申：对才能、境遇、容貌等胜过自己的人心怀嫉恨。古代妇女就是通过"妒"来管束丈夫的偷情行为。《说文》："妒，害也。从女、户声。"忌妒之心人皆有之，女性尤甚。

56. 妨（fáng）

甲骨文字形🔣。从女、方声。本义：（因嫉妒而）阻碍、损害。《说文》："妨，害也。"

方，甲骨文字形🔣。古代双尖耒（翻土农具）。通：

"放""仿""房""谤""旁"㫃。

57. 虣（xiāo）

甲骨文字形㛂。从女、从虎。卜辞用于人名。《玉篇》："虣，女心俊慧也。"俊慧：秀美聪明。《晋书·王戎传》："猛兽在槛（jiàn）中，虣吼震地。"泛指巨大的声响。"虣"通"敲""枭"。

十二生肖的起源与动物崇拜有关。卜辞对十二生肖多有记载，晚商时期，十二生肖已全部定型。它们依次是鼠、牛、虎、兔、龙、蛇、马、羊、猴（本为"夒"，猴属）、鸡、狗（犬）、猪（豕）。

十二生肖是十二地支相对应的形象化表达：子、丑、寅、卯、辰、巳（卜辞中借"子"为"巳"，不用"巳"本字）、午、未、申、酉、戌、亥。

58. 姶（gè）

甲骨文字形。从女，各声。本义：妇女。卜辞

用作妇人名。

各，甲骨文字形⿱。像脚朝穴内走去。会意字。本义：来。"各"与"出 ⿶"相对。"各"构型同"格"。

59. 孏（lóng）

甲骨文字形⿱。从女、龍（龙）声。本义：妇女名用字。卜辞用于人名，疑作人牲。

龍（龙），甲骨文字形⿱。像有头有身的怪兽，突出其头。本义：龍。卜辞中用作人名、方国名、神祇名，用作宠佑之"宠"。

据罗三洋研究，"四灵"之一的龙，其原型为史前已经灭绝的本土的圆鼻巨蜥。

陶寺文化中期，出现了"双头龙"的"虹"⿱。在古人眼里，彩虹是非常奇幻的现象，难以理解，视之为某种奇特的怪物，可以吸水，气象弘大。卜辞有载："有出虹自北，饮于河。"《易经》乾卦中多次提到龙。比如潜龙勿用、见龙在田、飞龙在天、亢龙有悔、群龙无首。不过，在西方人的眼里，龙却是十足的恶魔。

甲骨文中与"龍"相关的常用字很多，比如龏（龔）、龐（庞）、寵（宠）、嚨（咙）、聾（聋）、攏（拢）。

龏（gōng），甲骨文字形 ▨▨。从龍、廾（gǒng）（二手形）声。像双手举龍之形，以示恭敬。本义：恭敬。卜辞用于人名、地名、神祇名。"龏"为古"龔"，简化为"龚"。通"恭""供"。

龐，甲骨文字形 ▨。从广（yǎn）、龍声。像龍在屋里，屋可进龍，可见屋之高大。本义：高屋。卜辞用于人名、地名。简化为"庞"。

寵，甲骨文字形 ▨。从宀（mián）、从龍。会意：龙蜗居房中。引申：荣耀、喜爱，受宠爱的人。卜辞借"龍"为"寵"，用作寵佑之"寵"。简化为"宠"。

嚨（lóng），甲骨文字形 ▨。从口、龍声。本义：喉嚨。简化为"咙"。卜辞疑用作人名。

聾，甲骨文字形 ▨。从耳、龍声。示意龍耳亏聪，无闻也。本义：耳听不见声音。卜辞义不明。简化为"聋"。

攏（lǒng），甲骨文字形 ▨。从又（手）、龍声。像以手牵引龙。本义：聚合。卜辞用于地名。简化为"拢"。

60. 嫊（qín）

甲骨文字形 ▨。从女、秦声。本义：古代女子人名用字。引申：美好。卜辞疑为人牲或秦地女俘名："贞，周氏发嫊。"大意：贞问，周国会

把嫀这个人送来吗。氏，此用作动词，取致送、贡纳、带来之意。

"嫀"亦读（shēn），古同"姺"（shēn）。商代诸侯国名，疑以姓为国。《春秋传》曰："商有姺、邳（pī）。"皆为当时作乱之诸侯国。

秦，甲骨文字形。像两手持杵舂禾之形。本义：舂禾。卜辞疑作祭名。

2万年前，中华大地散布着众多人类聚落，孟子所谓的"齐东野人"，指的就是今胶东半岛上的原住民——东夷族。这个民族在夏商周时期生活在从辽河流域到长江三角洲的整个华北和华中沿海平原上。《山海经·大荒东经》记载："东海之外大壑，少昊之国。"而以鸟类崇拜闻名的少昊之国，历来被考古界认为与史前山东地区的大汶口文化关系密切。历史上少昊之国多次与内陆的华夏族交战，互有胜负。

大禹治水时带领的三大部族首领之一，即是少昊曾孙皋陶和他的儿子伯益所领导的东夷族。伯益辅佐舜驯服鸟兽有功，被赐"嬴"姓。商灭夏时秦部族助商伐桀。周翦商时，嬴姓部族又顽固保商。商朝灭亡后，嬴姓部族被周武王强制迁移到陇西和山西北部。迁到陇西者成了后来的秦人，迁到山西者成了后来的赵人。迁徙到陇西的秦人，在周孝王时期，秦非子养马有功受赏，得赐秦地50里封地，号称"秦嬴"，成为周的附庸。西周王朝风雨飘摇时，秦襄公力保周平王东迁，由于勤王有功，被赐"公"爵，成为周之诸侯国，国号"秦"。周把自己无力守护的800里秦川一并赐秦。秦自此开始了依托关中平原崛起的伟大征程，最终建立了历史上第一个统一的中央集权的封建国家，仍以"秦"为国号。秦人先牧后农，以农为本，持杵舂禾，正是秦人生活的写照。《说文》："秦，伯益之后，所封国，地宜禾。"后来，秦始皇在徐福的带领下前往东海寻找蓬莱仙境，也可看作是一次文化寻根之旅。

61. 嫊（zòu）

甲骨文字形 ▨。从女、奏声。本义：妇女。卜辞用作人名。

奏，甲骨文字形 ▨。像双手捧木。会意：进献之义，此与上古时期某种宗教祭祀仪式有关。训为：演奏、吹奏。

"奉""来""拜"比较。

奉，始见于西周金文字形 ▨。战国币文字形 ▨。像双手捧起一物，表示奉承、捧着，多含恭敬意味。引申：进献。为"捧"之本字。

来（hū），甲骨文字形 ▨ ▨。像根系发达之植物。本义：華（华）。

预示根深叶茂，繁花似锦。

拜，甲骨文字形 ✦。从来 ✦、从双手。会意：以双手拔起禾麦奉献给神祖，祈求丰收。本义：祷告、祈求。西周金文字形 ✦，从来、从单手，理据与甲骨文相同。卜辞用本义。

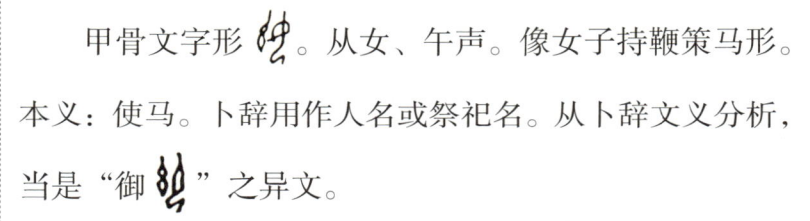

62. 妷（yù）

甲骨文字形 ✦。从女、午声。像女子持鞭策马形。本义：使马。卜辞用作人名或祭祀名。从卜辞文义分析，当是"御 ✦"之异文。

午，甲骨文字形 ✦。像杵棒形，为舂米捶衣的木棒。为"杵"之本字。卜辞借为地支第七。

"玄"与"午"形相近。"玄"，甲骨文字形 ✦。像一束丝被悬挂的样子。悬挂着的东西往往动荡不定，引申：空中、天空，亦指红黑色。此色在色阶上具有一定的模糊性、隐晦性，故"玄"又有幽远之意。

甲骨文中"春""秦""建"皆有"杵"义。

春，甲骨文字形 ✦。像两手持杵向臼舂米之形，卜辞用作动词：捣毁。

秦，甲骨文字形◯。像两手持杵舂禾之形。卜辞疑作祭名。

建，甲骨文字形◯。商代金文字形◯。像一人双手持杵舂作之形，杵下两三小点代表谷粒，本指脱粒除壳进行粮食加工。另释，以手扶木培土，使其稳正。本义：建立、设置。"建"通"健"。

63. 妁（jiā）

甲骨文字形◯。从女、从力。多与娩连用，指生男育女之事，用作佳好、顺利之义。卜辞用作：嘉、良好。

"妁"同"嘉"。"嘉"为战国时代后起字◯。从壴、加声。本义：善美。

壴（zhù），甲骨文字形◯。像带有环饰的竖鼓。本义：鼓。引申：陈列乐器。"壴"与"豈"，形、义相同。

加，西周金文字形◯。从力（耒）、从口。本义：吹笙击鼓。"嘉"之本字。

64. 嬉（xī）

甲骨文字形◯。从女、喜声。像一女子在鼓边玩

要。本义：无拘无束地游戏。引申：女子美好、姿容美丽。其义同"媞"（shí）。卜辞用于人名。

喜，甲骨文字形 ▨。从壴 ▨、从口。会意：将鼓安放在基座上。本义：鼓。训为：欢喜。

鼓最早出现于新石器时代，初为"土鼓"，即陶鼓，由先民们生活中的陶罐、陶盆演化而来，作为通天神器用于祭祀狩猎活动。由于鼓声具有激越雄壮、传之久远的特点，华夏祖先又将其作为"战鼓"，并特意用鳄鱼皮制成，借鳄鱼凶猛习性以壮军威，称作鼍（tuó）鼓。作为乐器，鼓为群音首领。

65. 娅（yà）

甲骨文字形 ▨。从女、亚声。卜辞用于人名，疑为人牲。引申：女子容貌姣好。借作"连襟"，两婿相谓曰"娅"，即姊妹之夫相互称谓。

亚，甲骨文字形 ▨。象形字。正视为族徽标识，俯视为四向相连的宫室。卜辞用作官职名、地名、祭名、序词第二，也用作安放牌位并作祭祀之处。

66. 媿 (kuì)

甲骨文字形 🔲。西周金文字形 🔲。从女、鬼声。像女子头戴面具作遮羞状。本义：羞愧、惭愧。古同"愧"。

鬼，甲骨文字形 🔲。像侧跪或正立之人，头戴面具，相貌丑陋，其形酷似民间耍社火时出现的"大头娃"。本义：戴面具的人。

67. 娃 (wá)

甲骨文字形 🔲。从女、圭 🔲 声。像一女子垒土形。吴楚衡淮间谓"好"曰"娃"。本义：玩耍。引申：美女。此女仅代表玩耍的孩子，未必特指女孩，恰如人人皆有颈 🔲 和臀 🔲，不分男女。

圭，甲骨文字形 🔲。西周金文字形 🔲。重土形。本指古代测日影的仪器"圭表"上的部件（在石座上平放着的尺子叫"圭"）。"圭"由玉制，故有从"玉"之"珪"。亦名"瑞玉"，瑞者，以玉为信。

臬，甲骨文字形 🔲。从自、从木。自 🔲，本指人的鼻子。"自"立于"木"上，表示木质瞄准牌。本义：古代测日影定方位的标杆。卜辞用于人名。

圭臬，指土圭和水臬。古代测日影、正四时和测量土地的仪器。引申：准则、法度。

68. 妍（yán）

甲骨文字形 ![字形]。从女、开（jiān）声。像妇女云鬟高绾并加簪形。本义：簪。引申：美丽、美好。![字形]亦释"簪"。初文为"先"（zān），象形字。"先"同"开"。

旧石器时代的人们，常披发覆面，头发过长时会用石头砸断使其变短。仰韶文化时期，人们开始将头发向后梳理、扎辫、盘头、加簪，尤其女性，意在便捷劳作，同时审美意识也由此萌生。

69. 婧（jīng）

始见于商代金文，字形 ![字形]。从女（每）、京声。古代女子人名用字。京，甲骨文字形 ![字形]。像建筑物在高丘之上。本义：穴居。引申：京城。通"鲸"。

70. 恕（shù）

甲骨文字形 ![字形]。从女、从心。"恕"之古字。推

己及物曰恕。本义：恕道、体谅。卜辞义不明。

71. 奻（niǎo）

甲骨文字形🔣。从女、从二人。疑为"嬲"之初文。有纠缠、戏弄之义。卜辞义不明。

72. 妦（fēng）

甲骨文字形🔣。从女、丰声。本义：少女。卜辞用于人名。引申：美好、丰满。"妦"通"䗃""丰"。

丰，甲骨文字形🔣。像在土堆上种树，寓意枝叶茂盛。与"封"同形异字。"封"另有一形🔣，像封土成堆，植树其上，以明经界。示封疆、田界之义。卜辞用作人名、地名、方国名。

"丰"不同"丯"（jiè）。丯，野草丛生，散乱不整。

"豐"简化为"丰"。

"豐""豊"在卜辞中二者有别。

豐，甲骨文字形🔣。像豆（豆一种高足器皿）中盛满实物，豆之丰满者也。本义：丰满、多。引申：大。卜辞用于人名、地名。

豊，甲骨文字形🙰。像器中盛玉形，示为礼器之义。卜辞用作"醴"（甜酒）、"禮"（礼），亦用作地名。

73. 嬂（zhí）

甲骨文字形🙰。从女、戠声。本义：宫女舞蹈队形。引申：宫廷舞蹈队员。古代女子人名用字。

戠（zhí），甲骨文字形🙰。从戈、从音（言）。商代祭祀之一种，即用动物肉干祭祀。

"戠"通"食"，日月有戠，指日食和月食。

"戠"为"識""熾""膱""犆""樴"（杙）之本字。"戠"通"職""埴"（埴）。

74. 妕（fán）

甲骨文字形🙰。从女、凡声。卜辞用于人名，疑祭祀用人牲。"妕"通"媻（pán）"。"媻跚"即"蹒跚"。

卜辞中"凡"🙰，"般"🙰，"盤"🙰本一字。

75. 妞（niū）

甲骨文字形🙰。从女、从丑。古代姓氏，起源于

高丽（朝鲜半岛），详情未知。我国山西大同、河南延津、云南泸水等地有分布。妞妞，北方对小女孩的昵称。或释为妞（hào），古文"好"字。卜辞用于地名。

丑，甲骨文字形 ᚠ。像曲指之手形，借为地支第二。与甲骨文"醜" ䷲ 本为两字，今合二为一。

76. 姈（líng）

甲骨文字形 ䷲。从女、令声，本义：女子聪敏伶俐。古代女子人名用字。卜辞义不明。

甲骨文中，"令""命"一形 ䷲，从亼（jí）、从卩（jié）。会意：一人侧身跪坐于集会堂。区别在于："令"为发号施令，让人执行。"命"为听命接旨，服从照办。"令"通"聆"。"命"通"盟"。

亼（jí），甲骨文字形 A。锥形器盖形，象形字。引申：集会、集合。卩（jié），甲骨文字形 ᚠ。像侧跪之人。象形字。本义：坐势对人。古同"节"。"卩"亦通"冋"。

77. 项（xiàng）

甲骨文字形 ䷲。指人的颈脖部位。如同"臀"

，指人的屁股一样。可释为"颈"之初文。本义：颈脖后部。字形中侧身之人或男或女，仅指代人形，并无性别差异。

78. 嫨（jiān）

"嫨"即"艰"。甲骨文字形 。从壴、从女（或卩、堇）。女、卩（jié）、堇（jǐn）均人形，在此尤指女性，示意女性力薄，搬鼓困难，显出吃力的样子。本义：搬鼓。引申：困难、灾难。卜辞用"艱"（艰），有灾祸之义。

籀文"囏"（jiān），从"喜"。所谓：必有喜悦之心，而后不畏其艰，而后无不治也。

堇（jǐn），甲骨文字形 。像一正立之人张着大口做痛苦状，或被烈火烤炙而痛苦挣扎。本义：人在火上（艰难痛苦）。训为：赤色。借为"僅""勤"。卜辞指献祭的人牲。

79. 嬣（níng）

甲骨文字形 。从女、寧声。卜辞用于人名。本义：

女子体态舒缓。

"嬣"同"儜"（níng）：软弱之人。

宁（宁），甲骨文字形⊡。从宀（mián）（房顶形）、从皿（盛器）、从丂（kǎo）（物架子），像室内安放着器皿。会意字。本义：安宁。甲骨文宁（宁）不从"心"。

"宁"古同"㝉"。与"澬"同形异字。

80. 威（wēi）

甲骨文字形⊡。从女、戌声。周中金文字形⊡（从女、从戈）。一释：像斧钺下之女人，即加斧钺于女上，示女子受到威吓。卜辞用于地名。二释：像女子手持斧钺，示有威可畏，令人敬畏。

威，本是女人对女人的强权。《说文》："威，从女、戌声。姑也。""姑"之本义：丈夫的母亲（婆婆），像斧子一样凶狠的女人。引申：有权势的女人。

"威"通"畏"（甲骨文字形⊡）。

"戉"与"戌"形近。

戉，甲骨文字形⊡（斧刃内曲）。像兵器斧钺（戉为钺之本字，甲骨文字形⊡，兵器斧子）。借为天干第五。

—275—

戌，甲骨文字形 ☐☐（斧刃外突）。古兵器斧钺。借为地支第十一。

与兵器"戈"有关的甲骨文字很多。

戍，甲骨文字形 ☐。人荷戈之形，守卫边疆。本义：守卫。

伐，甲骨文字形 ☐。像戈刃架在人头上，以戈砍头之形，本义：砍人头。引申：砍断、征讨。"伐"通"阀"。

戎，甲骨文字形 ☐。戈 ☐、甲 ☐合成形。本义：兵器总称。借指军队。古代"五戎"：弓、殳、矛、戈、戟。

戒，甲骨文字形 ☐。像双手持戈形。会意字。本义：警戒。通"诫""界"。

戕，甲骨文字形 ☐。从戈、从爿（pán）（床形）。会意：将某种生命体按倒在板床上残杀。本义：杀戮、杀害。

武，甲骨文字形 ☐。从戈、从止 ☐（脚趾）。像荷戈前行貌。会意字。本义：征伐。"止戈为武"，非"息战"，实"征战"。

肇（肈），甲骨字形 ☐。从戈、从户 ☐，像以戈破门而入。本义：击战。

或（gē），甲骨文字形 ☐。从戈、从口。会意：以

武力或游说的方式获得土地。

戋（戈）（jiān），甲骨文字形 ![字形]。从二戈，表示残害义。本义：残害。或为"残"之本字。

81. 婚（hūn）

"昏" ![字形] 通"婚"，"闻" ![字形] 亦通"婚"。

古代抢婚往往在昏时进行，这就是"昏"与"婚"的勾连关系。引申为"结婚"。

昏，甲骨文字形 ![字形]。从日、从氐（氏）。此字有多解。常释为："氏"或"氏"本有落下之义，表示太阳落下去了，日落即"昏"。本义：日暮、黄昏。引申：昏暗。

82. 囡（nān）

甲骨文字形 ![字形]。从囗（wéi）（古"围"字）、从女。会意字。像襁褓中的女婴。本义：女婴。泛指小孩。江浙沪一带方言对小女孩昵称囡囡。

与"囡"形近的趣味甲骨文字很多。比如团、囝、困、因、囚、回、囿。

囝，商代金文字形 ![字形]。从囗、从子，读（jiǎn）时，

指儿子。读（nān）时，指女儿。

囡(niè)，甲骨文字形 [图]。从口、从又（手之侧视形）。像以手取物而藏之。会意字。本义：摄取。

困，甲骨文字形 [图]。从口、从木。本义：门槛。"梱"之古文。

因，甲骨文字形 [图]。从口、从大。像人困在围栏里。会意字。本义：囚。训为：依靠、凭借。引申：原因。

囚，甲骨文字形 [图]。从口、从人。像人关在围栏里。会意字。本义：拘禁。

回，甲骨文字形 [图]。像回转之形。象形字。本义：回转。与"亘"同形。

囿，甲骨文字形 [图]。从田（日）、从中（木），像田园中植物生长之形。与"圃"义相近。训为：拘泥。

83. 妾（qiè）

甲骨文字形 [图]。从女、从辛。表示有罪的女子。本义：女奴。

辛（qiān），古代刑具 [图]（平头铲刀），与"辛" [图] 实为一字。郭沫若以为，以此为有罪者或异族俘虏行黥

刑时所用的刀。

商代的"妾",在本质上是负责具体事务的女性官员,所谓"给使者"。她们主要依附于商王、方国以及贵族之家。有学者将"妾"在商代社会的地位,归结为俘虏和罪奴。与其他奴隶不同处,司"床上奴隶"一职。《汇苑》:"妾,接也。言得接见君子而不得伉俪也。""妾"自然是身份低贱的女子,未经明媒正娶的女子。

接,甲骨文字形 。从女、从妾。本义:迎接。卜辞残文义不明。

84. 汝(rǔ)

甲骨文字形 。从水、女声。本义:水名。典籍中"汝""女"可通。卜辞用于人名,人称代词。

周朝时,住在汝水之滨的居民中,有以汝为姓者。"汝"借为代词"你"。

85. 侮(wǔ)

甲骨文字形 。从人、从女(每)。像一人看守一女子。本义:看守。有欺负、轻慢、不敬之意。古文写作"姆"。

通"捂"。

86. 娱（yú）

甲骨文"吴"通"娱"。《毛诗正义》曰："人自娱乐，必欢哗为声。故以娱为哗也。""娱"之本义：欢娱，欢乐。

吴，甲骨文字形 🀄。从口、从大。像歪着脖子张大嘴巴说话的人。会意字。本义：大言大声说话，喧哗。段注：大言非正理也，狂话而已。

87. 姱（kuā）

"夸"为"姱"之本字。姱，从女、夸声。本义：漂亮、美好、夸饰、夸大。《淮南子·修务训》："曼颊皓齿，形夸骨佳。"

夸，甲骨文字形 🀄。从大（正立人形）、从于（吹奏乐器"竽"形）。像人吹竽。本义：吹竽。引申：奢侈。"夸"亦通"跨""侉""誇"。

88. 媓（huáng）

商代金文字形 🀄。从女、皇声。人名用字。后称母亲。

皇，甲骨文字形 [图]。像灯缸上灯光灿烂。象形字。本义：灯火辉煌。"皇"为"煌"之古字。通"遑""惶""凰""况"。

尧女、舜妻名娥皇。中国古代神话传说，4000多年前，帝尧见虞舜德才兼备，便禅让部落首领之位于他，并许二女娥皇、女英为妻。后舜至南方巡视，不幸死于苍梧，葬于九嶷山下。二妃往寻，抱竹痛哭，泪尽而死。青竹为之动容，竹竿顿生点点泪斑，后人唏嘘，称之"湘妃竹"。

神话中隐藏着古人的原始信仰，隐藏着对自身对世界的认知和定位。神话不是文学作品，不是为了娱乐，神话为的是证明人类自身的合理性，自身存在的价值感，以此满足精神生活的需要。只有承认人类具有神圣性，才能激发人们遵从社会公德，奋发向上的心理。

神话是传说，有虚构的成分，其社会功能却是真实的，不能用简单的真伪来评判。

89. 奸（gān）

商代金文字形 [图]。从女（每）、干声。会意兼形声字。本义：干犯、冒犯（女子）。引申：私通、狡诈。

干，甲骨文字形 ⌂ ⌂。像有丫杈的木棒或盾牌之形。象形字。本义：抵御戈的武器（盾牌）。"奸"为"姦"之俗体。

姦（jiān），商代金文字形 ⌂。三者为众，三女，指除妻子之外，又与其他女性发生关系。本义：淫乱。现代汉语以"奸"为"姦"之简化字。

90. 姛（sī）

甲骨文字形 ⌂。会意兼形声字。从女、从司。司，会意：五指并拢呈半握状，套在嘴上喊话。女、司合体义为女性管理者。由于"司""后"理据相同，"后"为"司"之镜像，故"姛"同"姤"（gòu）。

君后之"后"字形体，不见于商代甲骨文，也不见于西周金文，而是以"毓"代之。于省吾以为"后"为"毓"之后起字，起于春秋时期。

91. 媵（yìng）

甲骨文字形 ⌂。从女、从二手、从担架（轿子）。像双手抬一女子之形。本义：陪嫁之人。商代婚俗：嫁

女有媵，娶女有迎。"凡送女适人者，男女皆谓之媵"（《毛诗正义》），可见陪嫁者有男有女，他们皆可视为女子陪嫁财产。商初有莘氏嫁女给成汤，伊尹是以"陪嫁媵臣"的名义，来到成汤的封邑亳县。

"媵制"起源很早。它是原始社会"族外婚"向"对偶婚"演变的一种过渡形式，即"与长期结婚的男性有权把她的达到一定年龄的姊妹也娶为妻"。《尸子》书中推测尧嫁二女于舜是媵制，"妻之以媓，媵之以英"，其说大致可信。《诗经·豳风·七月》中的"女心伤悲，殆及公子同归"，亦指媵婚。诗的大意是：少女们在采桑时忽然心里悲伤起来，担心被女公子带去陪嫁。

92. 妙（miào）

甲骨文字形 ，从女、从少。美妙少女、妙龄少女。本义：美好。引申：精巧。卜辞女奴名，作人牲："炆妙雨。"大意：用妙作人牲炆祭祈雨。炆（jiǎo），甲骨文字形 ，焚人祈雨之祭。

商人祭祀多选婴童、处女为牲。古人普遍认为人是可以成仙的，修仙贵在仙气，幼童最为纯洁，体内存有

仙气，使之陪葬，墓主人即可接触仙气，利于成仙。为防止尸体腐烂泄漏仙气，陪葬前要先对活人灌注水银。在殷墟祭祀坑中，被斩首的往往是男性俘虏或奴隶，因为商人认为砍头可使被杀者灵魂彻底驯服。女性则保全尸身，因为女性反抗力和攻击性弱，保全尸首，或可为男性先王充当性奴。

小，甲骨文字形 。在"八"上加一"点"，将物体一分为二。本义：细小。小在卜辞中用其本义。"小""少"常通用。

少，甲骨文字形 。"小"下加一"点"。本义：少。《说文》："少，不多也。"鲁迅笔下的孔乙己也曾说过类似的话："不多不多！多乎哉？不多也。""少"亦通"稍"。

93. 嬅（yōng）

甲骨文字形 。从女、雍声。卜辞妇人名。在商代社会，有私名的女性必定有一定的社会地位，卑贱下人是没有资格享有私名的。

在甲骨文中，"邕""雍""雝"本一字，互训通用。

其形有繁简：▢▢▢，要件有三：城邑▢、流水▢和佳鸟▢。城邑周围有壕沟（护城河），河沟里面有流水，水上鸟儿戏又飞，一派祥和景象。"邕"之本义：城邑，引申：和睦。殷代称学校为"大学"，指的是贵族学校。周人称之为"辟雍"，学校四面环水，可视为微缩版的城邑。许氏《说文》以"雝"独表"雝渠"，指一种名叫鹡鸰的鸟，俗名张飞鸟。

壅，堵塞之义。古文通"邕"。

94. 娌（xīng）

甲骨文字形▢。从女、星声。卜辞义不明，疑为女人名。

星，甲骨文字形▢。形声字。生▢声。本义：星。

晶，甲骨文字形▢。像三颗星星相聚之形。三者为多。"晶"亦为"星"。

在自然天象、气象和季节中，与"星"关联的字很多。比如气▢、日▢、月▢、风▢、雨▢、雷▢、电▢、雪▢、露▢、霾▢、虹▢、晕▢、雹▢、霖▢、霝▢、震▢、霎▢、朝▢、暮▢、春▢、

秋 [字形] 等。

95. 娀（sōng）

甲骨文字形 [字形]。从女、戎 [字形] 声。古娀国名。帝喾次妃，名简狄，自有娀国出，生契（xiè）。契为商始祖，帝尧异母弟，被尧封于商，部族以地为号，称"商"。

传说简狄吞燕卵而生契，所谓"玄鸟生商"。契父为帝喾（kù），何以如此？玄鸟（燕子）为商族图腾，与简狄的结合，象征着商族的起源与神圣。在母系社会，女性生育的神话强调了女性在人类繁殖与传承中的核心作用。

96. 蔑（miè）

"蠛"与"蔑"同形。卜辞指某神祖名，作为祭祀对象："侑伐于黄尹，亦侑于蠛。"侑、伐均为祭名，黄尹为商代旧臣。卜辞大意：侑祭、伐祭黄尹，也侑祭蠛。

蔑，甲骨文字形 [字形]。像以戈穿（断）腿之形。战场上杀敌往往以戈击头，此以戈穿（断）腿，当是一种刑罚，类似"刖刑"。当一个人受此酷刑，精神十分痛苦，

面部表情扭曲，眉头紧锁，故有被轻蔑之义。或解为，面对刖腿之痛，大义凛然，蔑视敌手。

刖，甲骨文字形 ⌗。从刀、月声。像以刀或锯断足之形，酷刑。本义：断腿。卜辞为刖足专字。

97. 婚（xiāng）

甲骨文字形 ⌗。从女、香声。卜辞用于地名。

香，甲骨文字形 ⌗。从黍（麦）、从口（甘）。表示成熟的禾粟散发出五谷的清香。

98. 婟（wú）

甲骨文字形 ⌗。从女、吾声。本义：美女。卜辞残损，义不明。

五，甲骨文字形 ⌗。三积划为数。✕和⌗，皆将干支"午" ⌗ 截去上下两端而成。午 ⌗，本束丝相交形，截去两端，亦存天地阴阳间交汇之意，所谓"交午"。这或是"五"字之来由。

吾，甲骨文字形 ⌗。从 ✕、从 丨。像祭祀时安放的牌位。或从 ✕、从 ⌗，在牌位之下添加基座。卜辞中，

疑为"庑""屋"之初文。西周金文字形 ☒ ☒。借作第一人称代词"我""我的"。

99. 𡣞（shí）

甲骨文字形 ☒。从女、食声。卜辞用于人名："妇𡣞娩，不其嘉。"大意：妇𡣞分娩，不生男。

食，甲骨文字形 ☒ ☒。从 A、从 豆。豆旁之点表示粒食。食，有动词吃和名词食品两种解释。作"吃"时，示意人张口 A 吃豆里食物，通"饲"。作"食物"讲时，像豆上加盖 A 之形，通"蚀"。

100. 㚼（suǒ）

甲骨文字形 ☒。从女、索声。卜辞用于人名。

索，甲骨文字形 ☒。像双手或单手持绳索形。本义：求索。商代金文作 ☒。卜辞用于祭名，索求鬼神。亦用于搜索、讨伐之义。

束，甲骨文字形 ☒。像以绳索捆木之形。本义：捆绑。卜辞用其本义：束缚。

"索""束""素"音同义相关。"㚼"为"婥"（chuò）、

"嫊"（sù）之初文。

与"索"义有关的甲骨文字："牵""羁""纍""駛"。

牵，甲骨文字形⿱。像以绳索拉牛⿰。本义：牵牛。引申：拉引。卜辞中以"牵"为"牛车"的专用名词。史传，商先公"相土作乘马"，"胲作服牛"，胲即商高祖王亥，服牛即驯牛拉车。驯养牛马羊需"圈"，即围栏，牲口棚，故有⿰。其中⿰释为"牢"，⿰释为"厩"。

101. 妜（yī）

甲骨文字形⿰。从女、衣声。本义：妇人名用字。卜辞用于人名。

衣，甲骨文字形⿰。衣服之象形字。商朝人的服饰，上衣下裳，交领右衽，或直领对襟。平民粗麻葛衣，贵族皮革丝帛。

皮，甲骨文字形⿰。像以手撕揭动物之皮。本义：揭皮。

革，甲骨文字形⿰。像被剖剥下来的完整的动物皮。本义：皮革。

裘，甲骨文字形⿰。像皮毛朝外的衣服。本义：皮

衣。可借为"求"。

102. 婾（yú）

甲骨文字形 🝾。从女、㤱声。卜辞义不明。"婾"通"媮""愉"。

㤱（yù），甲骨文字形 🝾。从心、余声。本义：喜悦。卜辞用于女人名。㤱、悦、愉、怡为一组同源字。

余，甲骨文字形 🝾。像以木柱支撑房屋之形。本义：房舍。卜辞多用作第一人称，间或贞人名。商代君王借助神力不断强化王权，表现出极强的占有欲，常以"余一人"王天下。民众的奴性心理自阶级社会诞生，便深植于生命的遗传密码之中。

与"余"形义相近者"舍"，甲骨文字形 🝾。像一根竖木立于房基而撑于屋顶之形。本义：房屋。典籍借作"捨"。卜辞用作动词：居住。

103. 婡（dōng）

甲骨文字形 🝾。从女、東声。本义：古国名、女人名用字。

東，甲骨文字形 ◊。像两端用绳索系扎的口袋，为"橐"（tuó）的初文。假借为方位词"东"。为有所区别，"橐"形简化为 ◊。

104. 嬭（nǎi）

甲骨文字形 ◊。从女、从爾（尔）。卜辞义不明。通"奶"，意指乳房、母亲。读（nǐ）时，用于女性第二人称代词。"嬭"简化为"妳"，"儞"简化为"你"。中国已将"嬭""儞"合并。

爾（尔），甲骨文字形 ◊。本义：窗格花纹。简化为"尔"。通"迩"：近也。通"耳" ◊：罢了。

105. 姓（huī）

商代金文字形 ◊。从女、隹（隹、唯古文互通）声。本义：姿意放纵。

隹（zhuī），甲骨文字形 ◊。本义：短尾鸟。甲骨文中从"隹"之常用字：唯 ◊、雉 ◊、雀 ◊、雏 ◊、雞 ◊。在偏旁部首中，"隹"通"鸟"。"隹"同"惟"，亦通"崔""维"。卜辞常用作发语词、助词。

"叀"亦通"隹"。"叀"（zhuān），甲骨文字形▨，像缠有线穗之纺砖形。

106. 娛（xī）

卜辞以"奚"为"娛"。从女、奚声。本义：女奴。

奚，甲骨文字形▨。像一人双手被反绑，发辫被单手或双手揪起之状。本义：罪奴。卜辞用于祭祀用的人牲、人名、地名。"娛"通"傒"。

107. 姀（fǒu）

甲骨文字形▨。从女、缶声。《集韵》，"好色貌，一曰：女仪也"。卜辞用于人名："姀骨风有疾。"大意：姀骨头受了风寒。

缶，甲骨文字形▨。从口、午声。《说文》："缶，瓦器，所以盛酒浆，秦人鼓之以节歌，象形。"卜辞用于人名、地名、方国名。"缶"亦曰"甾"。甾（zī），甲骨文字形▨。《说文》："甾，东楚名缶曰甾。"卜辞作动词：处理、办理之义。亦用作地名、助词。"甾"古同"淄"，水名。

古代"一器多用"现象普遍。"缶"为瓦器、酒器，亦为乐器。不独秦人"鼓缶而歌"。

108. 孌（luán）

从女、䜌（luán）声。本义：美好。《诗经》有"静女其娈，贻我彤管"句。甲骨文中，"䜌"即"孌""䜌""欒""蠻"，简化字：娈、銮、栾、蛮。卜辞中"庶䜌"即"庶蛮"，亦即春秋时代的"群蛮"。

䜌（luán），甲骨文字形 ⿱。从言、从双糸（mì）。会意：话多如丝，连绵不绝。本义：连续不断。引申：纷乱，杂乱，整治、理顺。《说文》："䜌，乱也。一曰治也。一曰不绝也。"偏旁"䜌"后世简化为"亦"。

109. 娹（xiàn）

甲骨文字形 ⿱。西周金文字形 ⿱。从女、見声。结构上下左右之别。本义：女子小蛮腰。卜辞中女子人名用字。

见，甲骨文字形 ⿱。像一侧跪之人，突出其目，示有所见之义。本义：看见、看到。卜辞用于人名、地名、

方国名。用作动词：召见、监视、观察。"见"古同"现"。

110. 姑（gū）

商代金文字形◯。从女、古声。本义：丈夫的母亲。"姑"训为"诂"。

古，甲骨文字形◯。一释：从口、冊声，像置盾牌于神座之上，示有大事发生。二释："口"上立"十"，示十口相传（那久远的故事）。"古"为"故""辜"之初文。

111. 妵（tǒu）

甲骨文字形◯。从女、从主。卜辞用于女子人名。引申：美好。

主，甲骨文字形◯。像灯盏立于木架上。本义：灯火。为"炷"之本字。卜辞用于地名。后世作主人、作主专字。"主"另有两形◯。会意：灯火立在"京""山"之上，皆示高台，如高高耸立的火炬。

住，甲骨文字形◯。会意兼形声字。指夜间息止之时，一人侧身而立，另一人跪而伺之。以宋镇豪先生的研究，

中间一点，读（zhǔ），以此定上下、分等级，与"主"为古今字。后世"住"从一人，此字从二人，乃繁简之别。

112. 妡（zhēng）

甲骨文字形 ![字形]。从女、正声。本义：女字。卜辞用作妇人名。引申：女子容貌端庄。"妡"古通"正"，指长官。

正，甲骨文字形 ![字形]。从止 ![字形]、丁 ![字形]声。像脚指向口的方向，脚朝城邑方向走去。

丁，甲骨文字形 ![字形]。像俯视钉头形，为"钉"之本字。另释，屋顶之形，为"顶"之本字。

征，甲骨文字形 ![字形]。从彳、正声。或为 ![字形] ![字形] ![字形]。本义：征伐。所列各字均可假通。刘兴隆以为在卜辞中各有所指：对敌讨伐用 ![字形]，猎捕野兽用 ![字形]，敌人来犯用 ![字形]。

政，甲骨文字形 ![字形]。从攴、正声。像以手指挥征伐之意。本义：指挥征战。

攴（pū），甲骨文字形 ![字形]。像以手持鞭子或棍棒之形。本义：敲击。卜辞用其本义。"攵"同"攴"。

—295—

113. 嫚（diàn）

甲骨文字形⬚。从女、奠声。本义：女字。卜辞用于人名。

奠，甲骨文字形⬚。像把酒樽放置在祭坛上之形，会用酒祭祀之意。本义：祭奠。引申：确立、建立。卜辞中用祭名、地名、人名、方国名。作地名时"奠"即"郑"，简写为"郑"，在今郑州以西之新郑。

酋，西周金文字形⬚。从西、从水省。会意：酿酒成熟，酒糟渐少而酒水溢出，所谓"酒熟曰酋"。本义：熟酒（久酿之酒，酒味醇厚之酒）。引申：酒官、掌酒的女奴、部落首领、终结。假借为"猷"⬚。

猶（犹），甲骨文字形⬚。从犭、西声（后演变为酋声）。本义：一种动物，似猴、似犬。借作：好比、还、仍、尚且。卜辞用于人名、方国名。典籍中"猶""猷"二字通用。猶简化为"犹"。

遒，甲骨文字形⬚。从辵、酋声。本义：加料加时酿制的醇酒，含迫近义。引申：强劲。《说文》：遒、逎一字。

114. 閽（chèn）

甲骨文字形 ⿕。从女、从門。女从門出入貌。卜辞用作祭名。

門，甲骨文字形 ⿕。像两扇门形，从二户。象形字。卜辞用作宗庙或宫室之门、地名。卜辞门、户无别，三门即三户。

户，甲骨文字形 ⿕。像单扇门形，半门曰户。释：户。

倉，甲骨文字形 ⿕ ⿕，从合、从户。会意字。本义：粮仓。卜辞用作藏谷之仓。合，甲骨文字形 ⿕。像器盖相合之形，以示契合。通"盒"。

扉，甲骨文字形 ⿕。从户曰、非⿕声。本义：门扇。

115. 婍（yǒu）

甲骨文字形 ⿕ ⿕。从女、卣声。卜辞用于地名、方国名。

卣，甲骨文字形 ⿕ ⿕ ⿕。加点示酒液，加皿为意符。本义：酒器。青铜卣是盛贮鬯酒的专器，通常又成为鬯酒的容量单位，一卣的酒容量大体在5斤上下。商代甲骨文和铭文中类似"鬯廿卣""秬鬯一卣"的记

—297—

载颇多。卣主要流行于商代和西周早期。

116. 姕（běn）

甲骨文字形🔳。从女、本声。卜辞疑用于人名。

本，甲骨文字形🔳。指事字。木下饰圈或短横，示意根本。西周金文字形🔳，强化根本。小篆字形🔳。《说文》："本，木下曰本，从木，一在其下。"

注意其与末、未、朱的区别。

末，金文字形🔳。始见于春秋晚期。《说文》："末，木上曰末，从木，一在其上。"指事树梢、末梢。

未，甲骨文字形🔳。像枝叶重叠之木。本义：树之枝叶。借为地支第八。"未"为"味"之本字。

朱，甲骨文字形🔳。从木、珠（●）声。由于圆珠契刻不便，变为一横。木中一点或一横，直示木心为赤色。本义：赤心木。卜辞用于地名。"朱"或为"珠""株"之初文。

117. 始（shǐ）

西周金文字形🔳。从女、以🔳声，或从女、台声，或加注司🔣声。万民皆由"女"出。"始"之本义：最初、开始。引申：首先、过去。

《说文》："始，女之初也。"

《老子》有云："裁衣之始为初🔣，草木之始为才🔣，人身之始为首🔣为元🔣，筑墙之始为基🔣，开户之始为戽（hù），子孙之始为祖🔣，形生之始为胎。"

118. 嬂（zhí）

甲骨文字形🔣。从女、執声。卜辞用于人名。

幸，本由"夅"（xìng）、"羍"（niè）两字简化而成。"夅"，从夭、从屰，小篆字形🔣，表示意外地得到成功或免去灾难。本义：快乐、高兴。"羍"，甲骨文字形🔣。像古代刑具手铐或脚镣之形，与幸福之义无关。卜辞用作动词执捕、钳制、夹取之义。

執（执），甲骨文字形🔣。从羍（niè）、从廾。像一人双手被刑具锁住之形。本义：拘捕。

119. 嬯（sì）

甲骨文字形🔣。从女、从豸。卜辞用于人名。从

卜辞看，或为商王武丁子辈。

豸（zhì），甲骨文字形■。本义：猫科动物。通"解"，有解决之意。卜辞用于地名。"獬"（xiè），古代传说中的异兽，能辨曲直，见有人争斗就用角去顶坏人。

豩，甲骨文字形■。读（sì）时，像陈牲于礼器中。卜辞用于地名、人名。读（cǎn）时，当为"嚵"字，本义：兽叫。引申为表示出乎意料的副词。

120. 姞（gào）

甲骨文字形■。从女、告声。人名用字。卜辞义不明。

告，甲骨文字形■。从牛■在口■上，像牛叫之状。本义：牛叫。引申：告诉。卜辞用作禀告、报告、祷告、祭告。

牟（móu），甲骨文字形■。会牛张口鸣叫之意。民间称好叫之公牛为"大牟牛"。本义：牛叫。卜辞用作祭牲。"牟"作"诰"，通"皓"。"牟""哞"本同源字。

舌，甲骨文字形■。像舌出于口，并有口液在其上。本义：舌头。卜辞用本义、祭名。

言，甲骨文字形  ▢。在舌 ▢ 上加一横，示言从舌出。本义：语言。由于语言有声音，所以卜辞"音""言"一字。卜辞用作告诉。

曰，甲骨文字形 ▢。指事字。示张口说话、口音外出之义。本义：言说。卜辞用本义。

甘，甲骨文字形 ▢。示口含食物之形。本义：口含食物。引申：味美、甘愿。卜辞用于地名。

121. 妊（wáng）

甲骨文字形  ▢。从女（每）、王声。卜辞义不明。

王，甲骨文字形 ▢。一释：会意：一正立之人顶天立地的威武形象。二释：像一柄斧头侧面之形，预示至尊王者有斩伐一切的权威。本义：最高统治者。夏代多称"后"，商周多称"王"。卜辞用于商王、先公名号。后世赋予"王"新解：三横代表天、地、人，一竖示上下贯通，表示天下皆归"王"。

斧，甲骨文字形  ▢。从斤 ▢、父 ▢ 声。或作横斧形 ▢（土作声）。本义：斧头。动词用作"斫"（zhuó）▢。卜辞用本义，或作人名。

122. 妢 (shān)

甲骨文字形⿰女彡。从女、彡声。卜辞义不明。

彡，甲骨文字形⿰。为声波或光彩之象征，或指须毛和花纹。卜辞作祭名，出现频率高。"彡"即后来之"肜"（róng）、"彤"（tóng）之本字。

肜，商代祭名之一。指祭祀之后第二天又进行的祭祀。"肜"通"融"：和乐。传说黄帝第三妃肜鱼氏部落"尚肜与赤"，图腾由肜鱼和太阳组成。"肜氏"本"彤氏"，为避仇而改为肜氏。究其起源，夏朝天子姒姓，其后分封于：杞、淳于、费、曾、褒、肜等地。其中，肜地一支以国名为氏，后人姓"肜"。

123. 雚 (huán)

甲骨文字形⿰。从女、雚声。卜辞义不明。

萑（huán），甲骨文字形⿰。象形字。首有簇毛如角，所鸣其民有祸。本义：猫头鹰。后与"雚"合二为一。

雚（huán），甲骨文字形⿰。从艸、隹声，本义：芦苇一类植物。刚出生时叫"葵"（tǎn），幼株时叫"蒹"，长成后称"雚"。卜辞用于地名、草莽田猎区。《诗经》

有"蒹葭苍苍,白露为霜"句。

124. 媀(yú)

甲骨文字形◯。从女、鱼◯声。卜辞用于人名。

渔,甲骨文字形◯ ◯ ◯。从水、鱼◯声。像人以手持网捕鱼之形。加"水"以区别"鱼"。本义:捕鱼。

鮡(钓),甲骨文字形◯。会意:以手持钓钩钓鱼。本义:钓鱼。后起字改为义符"金"(钅),声符"勺"。

鲧(gǔn),甲骨文字形◯。从鱼、从系。像以手持具捕鱼之形。本义:古书上所说的一种鱼。夏禹父亲的名字。卜辞中用于地名。

虞(yú),甲骨文字形◯。从虍、鱼声。疑为长有虎头的鱼。卜辞义不明。通"虞"。虍(hū),甲骨文字形◯ ◯。本义:虎皮上的斑纹。观其形,更像虎头。

鲁,甲骨文字形◯。从鱼、从口。有三释。一释:像鱼在器皿之中,示嘉美之义。二释:所从口为坑坎,坑浅鱼大,鱼露在外,本义:露。三释:像以口食鱼,本义:食鱼。卜辞用于地名、祭名。典籍中"鲁吉"并称,

—303—

有美善嘉好之义。

魛（dāo），甲骨文字形◯。从鱼、刀声。本义：魛鱼。古时指"鲚（jì）鱼"。现指两种鱼：带鱼、凤尾鱼（刀鱼）。卜辞中用于鱼名。

鮏（xīng），甲骨文字形◯。从鱼、生声。本义：腥臭气。同"鯹"。卜辞指生肉。

鲔（wěi），甲骨文字形◯。从鱼、有声。本义：鲔鱼。美味可口之鱼。卜辞用作鱼名。

125. 豙（shǐ）

甲骨文字形◯。从女、豕声。卜辞疑作人名。

豕，甲骨文字形◯。本义：猪。卜辞用作祭牲、人名、野豕。

与"豕"有关的常用甲骨文字：

豖（chù），甲骨文字形◯。像势离豕体，示为被阉割过的公猪。卜辞用作祭牲。

豢，甲骨文字形◯。像双手持豕之形，豕腹或加"子"指孕猪。示豢养、圈养之义。卜辞作祭牲。

豚，甲骨文字形◯。从肉、从豕。本义：小猪。与

动物"海豚"之"豚"无关。卜辞作祭牲。

豭（jiā），甲骨文字形 ![字形]。从豕、叚（jiǎ）声。本义：公猪。卜辞作祭牲。"叚"（jiǎ）为借代之义，"假"为真假之义，后合二为一。

豙，甲骨文字形 ![字形]。像豕身著矢之形，示豙为野猪，非射不可得也。卜辞用作祭牲、人名。

彖（tuàn），甲骨文字形 ![字形]。从彑（jì）（猪头长吻）、从豕。突出其背部鬃毛。本义：野猪。

126. 奵（càn）

甲骨文字形 ![字形]。从女、奴省声。卜辞疑作人牲名，为"姦"之初文。本义：三女为姦，一妻二妾也。"姦"俗作"粲"（càn），从米、奴（cán）声。本义：精米，即舂得精细的白米。引申：晶莹明亮。《史记·周本纪》曰："夫兽三为群，人三为众，女三为粲。"

歺（è），甲骨文字形 ![字形]。像剔肉置骨之形。本义：残骨。卜辞用作并列、猛烈之义。

奴（cán），甲骨文字形 ![字形]。像手持残骨之形。本义：残穿（残破、残烂、刺穿之义）。卜辞用代残、燦（灿）。

叡（cán），甲骨文字形 ▨，从叔、从貝（贝）。像手持残骨剔贝之形。本义：餐宴。同"餐"。

湌（cān），甲骨文字形 ▨。从水（汤食）、从食（古食器）。会意：就着食器吃饭。同"餐"。

127. 姏（nì）

甲骨文字形 ▨。从女、屰声。卜辞残缺义不明。

屰（nì），甲骨文字形 ▨。像倒立之人形。表示逆反、不顺从的人。另释，像客从外入，故头朝向自己，迎面而来。为"逆"之初文。

逆，甲骨文字形 ▨。示主人出来迎接（客人）。本义：迎接。与叛逆之义有别。卜辞用作人名、贞人名、地名、迎击、迎受。与"顺"相对。

川，甲骨文字形 ▨。像两岸之间有水流过，且为较宽大的水流。本义：河流、水道。引申：平川。卜辞中川、水无大别。比如：涉，甲骨文字形 ▨，卜辞用作地名、水流。有"川" ▨ 就有"州" ▨，水中小块陆地是也。"州"为"洲"之本字。

128. 妕（tā）

甲骨文字形 [图]。从女、它声。卜辞义不明。

它，甲骨文字形 [图]。像蛇形，是它、蛇、虫、也的初文。本义：虫。引申：其他事物。《说文》："上古草居患它，故相问无它乎。"卜辞用作人名、地名、蛇、它示（即柁示，指直系以外的旁系先王）。

甲骨文中与"虫"有关的常用字：蚤、柁。

蚤，甲骨文字形 [图]。从虫、从又（手）。表示用手抓身上的虫，或为"搔"之初文。

柁，甲骨文字形 [图]。从木、它声。读（tuó）时，指房架前后两个柱子之间的大横梁，如房柁。读（duò）时，同"舵"。卜辞"柁"同"它"，"示柁"即"示它"，指旁系先王。

129. 姫（zhěn）

甲骨文字形 [图]。从女、臣声。本义：谨慎。卜辞疑罪隶名，祭祀用人牲。

臣，甲骨文字形 [图]。"从低处向上看"时，努目之形。本义：竖目。引申为"俯首屈从"。甲骨文有"臣"旁之"柩"

（chén），字形 𦣝。从目、臣声。本义：屋檐，两楹间。"梠"即"桭"。

"臣""民"二字古义皆为奴隶。民，甲骨文字形 𠂈。像以物刺入人目之形。本义：罪隶。典籍中，民、氓、盲为一字。卜辞作罪隶、人牲。

有"臣"必有"君"。君，甲骨文字形 𠁁 𠁂。像手持笔或杖者发号施令状。本义：发令。卜辞用作官职名。古文"君""尹"通用。

尹，甲骨文字形 𠃍。像以手持杖或笔之形，表示筹划、治理。本义：治理。另释：像以手持针医疾之形，类似于今天的针灸治疗。引申：治国理政。"尹"与"父"，甲骨文字形区分严格。尹之手在上端，父之手在下方。

商代官吏实行"内外服"制度。"内服"指中央和王畿以内的各种官吏，谓之"殷正百辟"。"外服"指王畿以外边区附属国各种官吏，谓之"殷边侯甸"。内服官职中重要者：尹、宰、卿事、三公（司马、司徒、司空）。

"尹"的地位显赫，常伴君王左右。卜辞未见尹领兵征战的记载，当为文官，用笔治事者。最早的名臣莫

过于伊尹，商朝开国元勋，杰出的政治家、思想家，历事成汤等五位君主。己姓，伊氏，名挚。

伊，甲骨文字形 ⿰亻尹。从人、尹声。像人手持杖，表示有权威的人。另释，伊为职业名，厨师之意。卜辞专指伊尹，多有祭祀条文，用作伊、伊丁（丁为其庙号）、伊示。如："又于十立，伊又九。"大意：享受侑祭的有十位，伊尹再加上其他九位。

"尹""聿"本为一字。

"尹"强调执笔这件事，喻指宏观筹划、治理。"聿"的甲骨文字形 。持笔书写状，强调具体书写行为。

后 记

◎周伯衍

　　我没有想到这本书会让我写得如此艰难。

　　十多年来，因为书法，我看过太多艰涩古奥的甲骨学方面的著作，并广泛摄入先秦史、审美思想史、文化史、风俗史甚至环境考古学方面的镜头。我深知当下甲骨文书法家们的困惑与愿望何在，所以我一直想写一本多学科多领域交叉融合的实用类普及性读物，顺带掺入一点自己研究的"私货"。这样的构想自觉美好，也未在目前已出版的相关著作中见过，于是我怀着极大的兴趣投入写作。由于本书所牵涉的学科面较宽，我原有的知识储备并不充分，很快陷入被动。我只好边写作边读书，同时请益专家，精心打通每个关节。一年多来，我对这方面知识的渴望比以往任何时候都来得贪婪，黑夜里任何一丁点星光都会吸引我的目光，无数个星光的汇聚，最终让遥远而神秘的历史天空在我的眼前变得清晰又明亮。

　　文字的准确、简洁、清新是我一贯的主张和追求。本书的责任编辑和审读专家们的意见，使得本书的内容变得愈加丰满和精确，尤其最新学术成果的引入，更令本书弥漫着浓厚的时代气息。

　　古文字类书籍的写作的确有它繁难的特点。本书所涉及的每个甲骨文字，都要经过选形、拍照、剪裁、复制、粘贴、传输、修复、嵌入这些操作环节，1000多个甲骨文字就关联了1000多张图片，牵一发而动全身，工作量之大难以想象。而且，这些散点式的操作常常会干扰人的思绪，使得写作慢如蜗牛，可以说，这本书是用时间一点点"磨"出来的。书稿设计阶段的耗时也非同一般，设计师面对完全陌生的甲骨领域，一脸茫然，不知所措。无奈之下，我只好腾出大量时间陪他一起上班。大家齐心协力，数易其稿，总算挨到了最后！

在此，我要感谢著名书法家、篆刻家和艺术评论家翟万益先生，著名古文字学家刘钊教授为本书作序，感谢出版社编辑们的统筹安排和专业化建议，感谢苏州市甲骨文学会会长姬长明先生、西安财经大学刘新民教授的权威审读，感谢西安通济规划研究院院长、历史文化学者李栋先生的智慧奉献，感谢西安尚为堂资深设计师马应君先生历尽艰辛为本书穿上精致的外衣，当然还要感谢我的家人长期以来对我艺术事业的理解和支持。

书稿虽已完成，我心依然忐忑。差错在所避免，恳请方家指正。

甲辰四月初二于四如斋

参考书目

1.《甲骨文书法字典》姬长明 著，文汇出版社，2014年9月。

2.《新编甲骨文字典》（增订版）刘兴隆 著，国际文化出版公司，2007年1月。

3.《字源》（3册）李学勤 著，天津古籍出版社，2013年7月。

4.《古篆释源》王弘力 编注，辽宁美术出版社，2012年2月。

5.《古文字形发微》康殷 著，北京出版社，1990年3月。

6.《古文字类编》（增订本）（上下册）高明、涂白奎 编著，上海古籍出版社，2000年8月。

7.《殷周金文集成》（修订增补本）（8册），中国社会科学院考古研究所，2007年4月。

8.《新金文编》（3册）董莲池 编著，作家出版社，2011年10月。

9.《古文字谱系疏证》（4册）黄德宽 主编，商务印书馆，2016年8月。

10.《古文字构形学》（修订本）刘钊 著，福建人民出版社，2016年10月。

11.《中国甲骨学史》吴浩坤、潘悠 著，上海人民出版社，2006年10月。

12.《甲骨文拓片精选》王本兴 著编，天津人民美术出版社，2006年10月。

13.《中国书法史（先秦·秦代）》丛文俊 著，江苏教育出版社，2002年11月。

14.《殷商史》胡厚宣、胡振宇 著，上海人民出版社，2004年4月。

15.《西周史》杨宽 著，上海人民出版社，2019年1月。

16.《中国风俗通史（夏商卷）》宋镇豪 著，上海文艺出版，2006年3月。

17.《中国书法理论体系》熊秉明 著，人民美术出版社，2003 年 1 月。

18.《殷墟甲骨卜辞文例研究》刘新民、章念 著，中国社会科学出版社，2022 年 11 月。

19.《书法解释学》楚默 著，百家出版社，2002 年 10 月。

20.《书非书》许江、范迪安、朱青生 主编，中国美术学院出版社，2010 年 12 月。

21.《经与史——华夏世界的历史建构》刘仲敬 著，广西师范大学出版社，2015 年 12 月。

22.《翦商》李硕 著，广西师范大学出版社，2023 年 3 月。

23.《汉字中的文化史》郭永秉 著，上海文艺出版社，2024 年 4 月。

24.《人类简史——从动物到上帝》［以色列］尤瓦尔·赫拉利 著，中信出版集团，2022 年 12 月。

25.《我们从哪里来》罗三洋 著，北京联合出版公司，2022 年 10 月。

26.《甲骨文书论选集》胡冰 编集，黄山书社，2017 年 12 月。

27.《图腾与中国文化》何星亮 著，江苏人民出版社，2011 年 9 月。

28.《中国妇女通史（先秦卷）》王子今、张经 著，杭州出版社，2010 年 11 月。

29.《中国审美文化史（先秦卷）》（第三版）廖群 著，上海古籍出版社，2013 年 7 月。

30.《先秦女性审美研究》程勇真 著，中国社会科学出版社，2013 年 9 月。

長安
古本山海經圖說
王力古漢語字典
中国民俗通史
夏商社会生活史
西周史
甲骨文金文
俄藏敦煌文献
甘肅藏敦煌文獻
法藏敦煌西域文獻

这就是陪伴我十多年的"四如斋"。在这里，我由《重返敦煌》走向《风追甲骨》，今天，继续《执甲稽古》。

(郭志梅 摄影)